经济管理虚拟仿真实验系列教材

电子商务网站开发实践

DIANZI SHANGWU WANGZHAN KAIFA SHIJIAN

胡森森　编　著
秦星红　杨道理　主　审

西南财经大学出版社
Southwestern University of Finance & Economics Press
中国·成都

图书在版编目(CIP)数据

电子商务网站开发实践/胡森森编著．—成都：西南财经大学出版社，2020.9
ISBN 978-7-5504-4452-2

Ⅰ．①电…　Ⅱ．①胡…　Ⅲ．①电子商务—网站建设
Ⅳ．①F713.361.2②TP393.092

中国版本图书馆CIP数据核字(2020)第121117号

电子商务网站开发实践

胡森森　编著
秦星红　杨道理　主审

责任编辑：陈何真璐
封面设计：杨红鹰　张姗姗
责任印制：朱曼丽

出版发行	西南财经大学出版社(四川省成都市光华村街55号)
网　　址	http://www.bookcj.com
电子邮件	bookcj@foxmail.com
邮政编码	610074
电　　话	028-87353785
照　　排	四川胜翔数码印务设计有限公司
印　　刷	郫县犀浦印刷厂
成品尺寸	185mm×260mm
印　　张	11.25
字　　数	265千字
版　　次	2020年9月第1版
印　　次	2020年9月第1次印刷
印　　数	1—2000册
书　　号	ISBN 978-7-5504-4452-2
定　　价	35.00元

总序

高等教育的任务是培养具有实践能力和创新创业精神的高素质人才。实践出真知。实践是检验真理的唯一标准。大学生的知识、能力、素养不仅来源于书本理论与老师的言传身教，更来源于实践感悟与经历体验。

我国高等教育从精英教育向大众化教育转变，客观上要求高校更加重视培育学生的实践能力和创新创业精神。以往，各高校主要通过让学生到企事业单位和政府机关实习的方式来训练学生的实践能力。但随着高校不断扩招，传统的实践教学模式受到学生人数多、岗位少、成本高等多重因素的影响，越来越无法满足实践教学的需要，学生的实践能力的培育越来越得不到保障。鉴于此，各高校开始探索通过实验教学和校内实训的方式来缓解上述矛盾。实验教学逐步成为人才培养中不可替代的途径和手段。目前，大多数高校已经认识到实验教学的重要性，认为理论教学和实验教学是培养学生能力和素质的两种同等重要的手段，二者相辅相成，相得益彰。

相对于理工类实验教学而言，经济管理类实验教学起步较晚，发展相对滞后。在实验课程体系、教学内容（实验项目）、教学方法、教学手段、实验教材等诸多方面，经济管理实验教学都尚在探索之中。要充分发挥实验教学在经济管理类专业人才培养中的作用，需要进一步深化实验教学的改革、创新、研究与实践。

重庆工商大学作为具有鲜明财经特色的高水平多科性大学，高度重视并积极探索经济管理实验教学建设与改革的路径。学校经济管理实验教学中心于2006年被评为“重庆市市级实验教学示范中心”，2007年被确定为“国家级实验教学示范中心建设单位”，2012年11月顺利通过验收成为“国家级实验教学示范中心”。经过多年的努力，我校经济管理实验教学改革取得了一系列成果，按照能力导向构建了包括学科基础实验课程、专业基础实验课程、专业综合实验课程、学科综合实验（实训）课程和创新创业类课程五大层次的实验课程体系，真正体现了“实验教学与理论教学并重、实验教学相对独立”的实验教学理念，并且建立了形式多样，以过程为重心、以学生为中心、以能力为本位的实验教学方法体系和考核评价体系。

2013年以来，学校积极落实教育部及重庆市教育委员会建设国家级虚拟仿真实验教学中心的相关文件精神，按照“虚实结合、相互补充、能实不虚”的原则，坚持以能力为导向的人才培养方案，以“培养学生分析力、创造力和领导力等创新创业能力”为目标，以“推动信息化条件下自主学习、探究学习、协作学习、创新学习、创业学习等实验教学方法改革”为方向，创造性地构建了“‘123456’经济管理虚拟仿真实验教学资源体系”，即“一个目标”（培养具有分析力、创造力和领导力，适应经济社会发展需要的经济管理实践与创新创业人才）、“两个课堂”（实体实验课堂和虚拟仿真实验课堂）、“三种类型”（基础型、综合型、创新创业型实验项目）、“四大载体”（学科专业开放实验平台、跨学科综合实训及竞赛平台、创业实战综合经营平台和实验教学研发平台）、“五类资源”（课程、项目、软件、案例、数据）、“六个结合”（虚拟资源与实体资源结合、资源与平台结合、专业资源与创业资源结合、实验教学与科学研究结合、模拟与实战结合、自主研发与合作共建结合）。

为进一步加强实验教学建设，在原有基础上继续展示我校实验教学改革成果，由学校经济管理虚拟仿真实验教学指导委员会统筹部署和安排，计划推进“经济管理虚拟仿真实验系列教材”的撰写和出版工作。本系列教材将在继续体现系统性、综合性、实用性等特点的基础上，积极展示虚拟仿真实验教学的新探索，其所包含的实验项目设计将综合采用虚拟现实、软件模拟、流程仿真、角色扮演、O2O操练等多种手段，为培养具有分析力、创造力和领导力，适应经济社会发展需要的经济管理实践与创新创业人才提供更加“接地气”的丰富资源和“生于斯、长于斯”的充足养料。

本系列教材的编写团队具有丰富的实验教学经验和专业实践经历，一些成员还是来自相关行业和企业的实务专家。他们勤勉耕耘的治学精神和扎实深厚的执业功底必将为读者带来智慧的火花和思想的启迪。希望读者能够从中受益。在此对编写团队付出的辛勤劳动表示衷心感谢。

毋庸讳言，编写经济管理类虚拟仿真实验教材是一种具有挑战性的开拓与尝试，加之虚拟仿真实验教学和实践本身还在不断地丰富与发展，因此，本系列实验教材必然存在一些不足甚至错误，恳请同行和读者批评指正。我们希望本系列教材能够推动我国经济管理虚拟仿真实验教学的创新发展，能对培养具有实践能力和创新创业精神的高素质人才尽绵薄之力！

重庆工商大学校长、教授

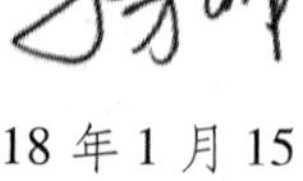

2018年1月15日

前言

Web程序设计是电子商务专业学生的核心必修课。该课程旨在培养学生熟练掌握面向Java的Web编程技能，重在学生技能培养，使学生能够熟练掌握相关技术，具备较强的电子商务网站系统分析、设计能力，具备开发电商Web系统的技能。学生通过Web程序设计课程的学习，将对网络编程有深刻的理解，能使用JSP技术开发动态的B/S结构的小型电子商务系统软件，在未来能够从事Web软件开发方面的相关工作。

该课程内容综合了Java程序设计、Web网页设计、Web美工实作、Web数据库原理等先导课程，而先导课程的教学效果直接影响着本课程的学习。我们在以往的教学过程中发现，有部分学生先导课程基础不扎实，导致其在本课程的学习中面临不少困难。

同时，很多Web程序设计教材，例子仅仅为配合讲解语法知识点而设置，没有一个整体案例贯穿整个教材前后章节，从而导致学生不知道前面的程序对后面章节有什么用处。且目前的Web程序设计教学，主要偏重于技术和编程，专业性较强。我们认为对于电子商务专业的学生，Web程序设计课程应该体现电子商务的特点，技术与运营并重。因此，需要对理论教学与实验教学内容进行有机整合。

本教材的编写也不是一蹴而就的，我们策划了两年多而不敢轻易落笔。早在2017年，本书的编写团队申请了2017年博拉网络股份有限公司产学合作协同育人项目——成果导向的“电商Web系统设计与开发”课程改革研究与实践。在我们与博拉公司的合作中，博拉公司给我们提供了广泛的素材和一些实践性强的教学案例。重庆工商大学智能商务学科群获批，也为我们开展课程建设提供了多方位的支持。

在西南财经大学出版社陈何老师的多次催促下，我们又几易其稿。我们总结了近五年本课程教学中的经验得失，终于将本书定稿。本课程主讲教师们均来自电子商务研究的第一线，常年承担大量Web开发相关的纵向和横向研究项目，有极好的科研素质。他们教学思维活跃，积极开展教研活动，不断主动进行教学改革，组成重庆工商大学一支高水平的教学队伍。团队成员承担过教育部大学计算机课程改革项目1项、校级教改项目3项，出版了教材5本。

本书分为两个部分。第一部分1~6章讲授基本的原理、设计方法，每章都设置了实验。第二部分以一个购物网站的设计贯穿始终，通过这个小型的实例，我们抽丝剥茧地讲解了用户管理和商品管理两大功能模块的设计、编码以及实现。全书由胡森森副教授负责策划和统稿，秦红星、杨道理对全书内容进行了审定，王健为第二部分的编写整理了相关素材，提供了编码实现。

本教材是重庆工商大学经济管理国家级实验教学示范中心重点建设实验教材和重庆工商大学本科自编立项教材，得到了重庆工商大学教务处、经济管理国家级实验教学中心、管理科学与工程学院大力支持。同时，本书的出版还得到了电子商务及供应链系统重庆市重点实验室开放课题（编号：KFJJ2018104）、重庆市研究生教育教学改革研究项目（编号：yjg193102）、第六批重庆市研究生教育优质课程——技术经济学（编号：yyk193008）、重庆工商大学—重庆市渝北区临空国际贸易示范园国际商务硕士研究生联合培养基地项目（编号：yjd193006）、重庆工商大学研究生教育优质课程——技术经济学（编号：YZ17005）等的资助。本书的出版也受到了重庆现代商贸物流与供应链协同创新中心、博拉网络股份有限公司、重庆工商大学智能商务特色学科群的特别资助。

重庆工商大学教材编委会专家和实验教材编委会专家指导并审定本教材提纲与书稿，经济管理实验教学中心教学部詹铁柱主任积极协调本教材出版，西南财经大学出版社陈何老师为本教材出版付出大量辛勤工作，在此表示衷心感谢。

由于作者水平有限，书中难免有疏漏之处，敬请广大读者指正。

胡森森

2020年2月

目 录

第一部分 基础理论

第二部分 综合案例

第一部分　基础理论

1 电子商务网站概述

1.1 Web 基础知识

任何一门学科都有相应的概念，网站建设也不例外。Web 是一个外延广泛的概念，不单单指网站，还包括了 Web 相关观念、发展历史、基础理论，计算机网络、互联网基础等。网站建设又包括网站策划、开发、维护、管理、运营。在网站开始建设之初，可能需要掌握以下的一些技术或知识：

- HTML

HTML 被称为超文本标记语言，是一种标识性的语言。它包括一系列标签，通过这些标签可以将网络上的文档格式统一，使分散的 Internet 资源连接为一个逻辑整体。HTML 文本是由 HTML 命令组成的描述性文本，HTML 命令可以说明文字、图形、动画、声音、表格、链接等。超文本是一种组织信息的方式，它通过超级链接方法将文本中的文字、图表与其他信息媒体相关联。这些相互关联的信息媒体可能在同一文本中，也可能是其他文件，或是地理位置相距遥远的某台计算机上的文件。这种组织信息的方式将分布在不同位置的信息资源用随机方式进行连接，为人们查找、检索信息提供方便。

- CSS

CSS 即层叠样式表，是一种用来表现 HTML 或 XML(标准通用标记语言的一个子集)等文件样式的计算机语言。CSS 不仅可以静态地修饰网页，还可以配合各种脚本语言动态地对网页各元素进行格式化。CSS 能够对网页中元素位置的排版进行像素级精确控制，几乎支持所有的字体字号，拥有对网页对象和模型样式编辑的能力。

- JavaScript

JavaScript 是一种属于网络的脚本语言，已经被广泛用于 Web 应用开发，常用来为网页添加各式各样的动态功能，为用户提供更流畅美观的浏览效果。通常，JavaScript 脚本是通过嵌入在 HTML 中来实现自身的功能的。它是一种解释性脚本语言，代码不进行预编译。JavaScript 主要用来向 HTML 页面添加交互行为，可以直接嵌入 HTML 页面，也可以写成单独的 js 文件以利于结构和行为的分离。在绝大多数浏览器的支持下，JavaScript 可以在多种系统下运行(如 Windows、Linux、Mac OS、Android、iOS 等)。

有了这些基础，我们就可以制作一个非常漂亮，并且还拥有一定功能的网站了。不足之处在于没有后台，但是也已经是件非常了不起的事情了。当拥有一个静态的网站之后，自然而然会产生一个问题：我们怎么去更新自己的网站，使其具备动态网站的功能？

要回答这个问题，我们需要开始接触以下技术：

- 一门网络编程语言：ASP、PHP 或 JSP 或其他编程语言

利用这些编程语言，我们将接触到后台，接触到调用数据，增减数据，和数据库打交道，并思考一些程序的处理逻辑。当利用这些知识和技术实现了数据的插入、获取、删除之后，我们可能渴望新的功能，例如排序、检索、不同风格的调用，总之就是一些以前从来没想过的、现在却因为动用了程序设计而不断出现的新的需求。当然网络编程语言不止这三种，它们要做的既不是表现，也不是数据，而是在表现和数据之间进行数据处理。

- 一个数据库工具：或许是 MSSQL，或许是 MySQL，或许是其他

利用数据库，我们将能实现数据的存取。在静态网站开发中，或许是从来没考虑过我们的数据在哪里，现在我们必须考虑了。

掌握了这两个技术，我们可能还要面临新的技术选择，包括用什么开发语言、是否使用 Ajax、用什么操作系统、注重页面表现还是注重运营和站内氛围、使用什么开发框架、使用什么脚本框架、手机端开发，等等。

1.2 Web 发展的历史

1.2.1 单机程序阶段

软件从附着于电脑硬件之日起，就在不断地进行着自我完善和演变。从使用模式的角度出发，可以将软件简单地分为单机程序和网络程序。目前，仍有大量的不依赖网络的单机程序被我们使用，如记事本、office 系列软件等都是大家熟知的装机必备软件。

1.2.2 网络程序阶段

当电脑越来越多地参与日常生产生活，单机程序已经不能满足企业的需要。企业级应用要求能够最大限度地让更多的客户端参与协同办公，所以依赖于网络的程序开始大力发展起来。Web 是一种基于超文本和 HTTP 协议的、全球性的、动态交互的、跨平台的分布式图形信息系统，是建立在 Internet 上的一种网络服务，为浏览者在 Internet 上查找和浏览信息提供了图形化的、易于访问的直观界面，其中的文档及超级链接将 Internet 上的信息节点组织成一个互为关联的网状结构。

- Web 1.0

Web 1.0 时代开始于 1994 年，其主要特征是大量使用静态的 HTML 网页来发布信息，并开始使用浏览器来获取信息，这个时候主要是单向的信息传递。通过 Web 万维网，互联网上的资源可以在一个网页里比较直观地表示出来，而且资源之间在网页上可以任意链接。Web 1.0 只解决了人对信息搜索、聚合的需求，而没有解决人与人之间沟通、互动和参与的需求，所以 Web 2.0 应运而生。

- Web 2.0

Web 2.0 始于 2004 年 3 月的一次头脑风暴会议。蒂姆·奥莱利发表的"What is Web 2.0"一文中概括了 Web 2.0 的概念，并给出了描述 Web 2.0 的框图，该文成为 Web 2.0 研究的经典文章。此后关于 Web 2.0 的相关研究与应用迅速发展，Web 2.0 的理念与相关技术日益成熟和发展，推动了 Internet 的变革与应用的创新。在 Web 2.0 中，软件被当成一种服务，Internet 从一系列网站演化成一个成熟的为最终用户提供网络应用的服务平台，用户的参与、在线的网络协作、数据储存的网络化、社会关系网络、RSS（简易信息聚合）应用以及文件的共享等成为 Web 2.0 发展的主要支撑和表现。Web 2.0 模式大大激发了创造和创新的积极性，使 Internet 重新变得生机勃勃。Web 2.0 的典型应用包括博客、维基百科、RSS、P2P（点对点）等。

- Web 3.0

Web 3.0 是 Internet 发展的必然趋势，是 Web 2.0 的进一步发展和延伸。Web 3.0 在 Web 2.0 的基础上，将杂乱的微内容进行最小单位的继续拆分，同时进行词义标准化、结构化，实现微信息之间的互动和微内容间基于语义的链接。Web 3.0 能够进一步深度挖掘信息并使其直接从底层数据库进行互通，同时把散布在 Internet 上的各种信息点以及用户的需求点聚合和对接起来，通过在网页上添加元数据，使机器能够理解网页内容，从而提供基于语义的检索与匹配，使用户的检索更加个性化、精准化和智能化。网站内的信息可以直接和其他网站相关信息进行交互，能通过第三方信息平台同时对多家网站的信息进行整合使用；完全基于 Web，用浏览器即可以实现复杂的系统程序才具有的功能。Web 3.0 浏览器会把网络当成一个可以满足任何查询需求的大型信息库。Web 3.0 的本质是深度参与，从而体现网民参与价值。

1.2.3 主机+终端模式阶段

最早的网络程序是基于主机+终端模式的，也就是整个应用中只有一台大型主机，各个操作地点都是使用一条专线与主机相连，终端不提供任何运算和界面，类似于 Unix 形式，所有的运算和处理都由主机来完成。主机的处理能力非常强大并且稳定，主要机型都是由 IBM 这样的大公司提供的。

1.3 Web 应用程序架构

目前流行的应用软件架构模式有两种：客户机/服务器（client/server，C/S）模式和浏览器/服务器（brower/server，B/S）模式。在客户机/服务器模式中，服务器通常采用高性能的计算机、工作站或小型机，客户端需要安装专用的客户端软件，如图 1-1 所示。在浏览器/服务器模式中，客户端只要安装一个浏览器，通过浏览器与 Web 服务器进行数据交互，如图 1-2 所示。Web 应用程序则属于 B/S 结构的软件系统。

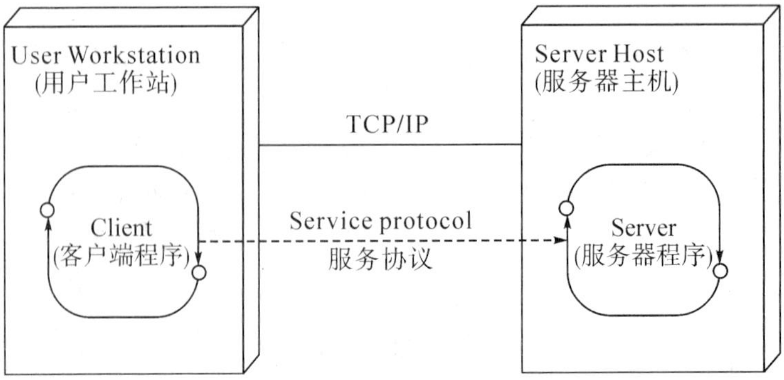

图 1-1　客户机/服务器模式

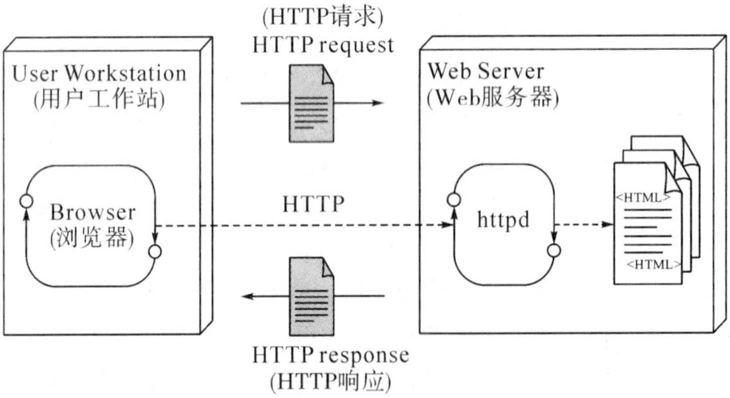

图 1-2　浏览器/服务器模式

1.3.1　客户机/服务器模式

客户机/服务器(C/S)架构的发展过程经历了两层 C/S 架构、三层 C/S 架构以及多层 C/S 架构的演变。

两层的 C/S 架构是由客户端和后台数据库组成。数据库用于存放数据，并且使用数据库编程语言编写业务逻辑，客户端则采用 VB、VC、Delphi 这样的可视化编程语言，以便捷地开发客户端的应用程序。用户通过界面向服务器发送请求，服务器发回的数据则通过界面进行显示，服务器的角色就由数据库来充当。这样做的好处就是开发效率高，能满足企业需求。但是这种架构存在着很大的弊端，第一是可移植性差，如当数据库从 SQL Server 更换为 Oracle 时就必须将业务逻辑用新的语言重新编写一遍；第二则是大型系统做不了，因为客户端与数据库需要建立持续的连接，而数据库能够支持的最大连接数是有限制的。

2000 年之后，三层 C/S 架构慢慢开始流行。三层的 C/S 架构指的是客户端+应用服务器+数据库，即将混合在数据库端的业务逻辑从中分离出来，放入应用服务器，数据库只负责数据的管理、存储及检索。客户端负责界面。三层之中的应用服务器其实也是程序，任何支持 TCP 编程的语言都可以作为应用服务器。用户通过图形用户界面(GUI)

进行操作，然后调用客户端的通信模块。通信模块依据自定义协议将请求数据打包，通过网络发送该请求，到达应用服务器时，应用服务器同样也有一个通信模块，将收到的数据包按照协议进行拆包，调用相应的业务处理模块处理数据。其中可能需要访问数据库来完成数据的获取，将处理完的结果再次发送给通信模块。通信模块将结果按照自定义协议进行打包，然后将数据包发送给客户端的通信模块，客户端进行拆包获取响应数据，将结果显示在界面上，更新界面上的数据显示。三层 C/S 架构虽然在一定程度上降低了对数据库编程的依赖，并且能够适应大型的应用程序，但数据通信模块的增加却加大了开发的难度以及整体架构的复杂度。

- 优点

①能充分发挥客户端计算机的处理能力，很多工作可以在客户端处理后再提交给服务器，所以 C/S 客户端响应速度快；②操作界面漂亮、形式多样，可以充分满足客户自身的个性化要求；③C/S 结构的管理信息系统具有较强的事务处理能力，能实现复杂的业务流程；④安全性有保证，C/S 一般面向相对固定的用户群，程序更加注重流程，它可以对权限进行多层次校验，提供了更安全的存取模式，对信息安全的控制能力很强。一般高度机密的信息系统宜采用 C/S 结构。

- 缺点

①需要专门的客户端安装程序，分布功能弱，针对点多面广且不具备网络条件的用户群体，不能够实现快速部署安装和配置；②兼容性差，对于不同的开发工具，具有较大的局限性；③若采用不同工具，需要重新改写程序；④开发、维护成本较高，需要具有一定专业水准的技术人员才能完成，发生一次升级，则所有客户端的程序都需要改变；⑤用户群固定，由于程序需要安装才可使用，因此不适合面向一些不可知的用户，所以适用面窄，通常用于局域网。

1.3.2 超文本传输协议

超文本传输协议(hyper text transfer protocol，HTTP)，是 TCP/IP 协议的一个应用层协议。客户端通过 HTTP 协议向服务器端发送的数据，称为请求消息(request)，反之则为响应消息(response)。HTTP 是一种无连接的协议。无连接是指 Web 浏览器与 Web 服务器之间不需要建立持久的连接，这意味着当一个客户端向服务器端发出请求，然后 Web 服务器返回响应，连接就被关闭了，在服务器端不保留连接的有关信息。也就是说，HTTP 请求只能由客户端发起，而服务器不能主动向客户端发送数据。

- HTTP 请求

HTTP 请求信息由 4 部分组成：

(1) 请求行：请求方法(GET/POST)、URI、协议/版本。

(2) 请求消息头。

(3) 空行。

(4) 请求正文。

- HTTP 响应

HTTP 应答与 HTTP 请求相似，HTTP 响应也由 3 个部分构成，分别是：

(1) 状态行。

(2) 响应头。

(3) 响应正文。

- HTTP 状态码

当用户访问一个网页时，浏览器会向网页所在服务器发出请求。当浏览器接收并显示网页前，此网页所在的服务器会返回一个包含 HTTP 状态码的信息头(server header)用以响应浏览器的请求。我们常见的状态码有五种：

1xx：信息提示，表示请求已被成功接收，继续处理。

2xx：请求被成功提交。

3xx：客户端被重定向到其他资源。

4xx：客户端错误状态码，格式错误或者不存在资源。

5xx：描述服务器内部错误。

下面列举几种常见的状态码含义，如表 1-1 所示。在后面的程序开发中，我们会经常见到它们。

表 1-1　HTTP 状态码含义

状态码	含义
200	客户端请求成功，是最常见的状态
302	重定向
400	客户端请求有语法错误，不能被服务器理解
401	请求未经授权
403	服务器收到请求，但是拒绝提供服务
404	请求资源不存在，是最常见的状态
500	服务器内部错误，是最常见的状态
503	服务器当前不能处理客户端的请求

1.3.3　浏览器/服务器模式

为了降低三层 C/S 架构中与通信有关的复杂度，浏览器/服务器(B/S)架构成为网络程序中的一种流行架构。在 B/S 架构中，客户端使用 HTTP 协议进行数据打包拆包的程序是各厂商依据标准开发的浏览器，Web 服务器也是基于 HTTP 协议由一些厂商提供，如 IIS、Apache 等。在 B/S 架构中，由于协议已被限定，所以与通信有关的数据打包拆包的过程都不用我们开发人员来编写程序，只需要考虑怎么将 HTTP 协议解析出来的数据进行业务处理，以及根据不同的结果产生响应。这大大降低了网络程序的开发难度，所以这种架构得到了大量的应用。

- 优点

①开发简单，共享性强；②分布性强，客户端零维护；③只要有网络和浏览器，就可以随时随地进行查询、浏览等业务处理；④业务扩展简单方便，通过增加网页即可增加服务器功能；⑤维护简单方便，只需要改变网页，即可实现所有用户的同步更新。

● 缺点

①个性化特点明显降低，无法实现具有个性化的功能要求；②在跨浏览器上，B/S架构不尽如人意；③客户端与服务器端的交互是请求-响应模式，通常动态刷新页面，响应速度明显降低（Ajax 可以在一定程度上解决这个问题）；④无法实现分页显示，给数据库访问造成较大的压力；⑤在速度和安全性上需要花费巨大的设计成本。

1.3.4 动态 Web 应用访问过程

所谓动态 Web，是指网页数据是由程序产生的，不同时间点、不同地点、不同人访问同一个 URL 看到的内容和界面可能不一样，且网页具有交互性，内容可以动态更新。在动态 Web 中，客户端使用浏览器（IE、Chrome 等），通过网络连接到服务器上，使用 HTTP 协议发起请求。所有请求都先经过服务器插件（web server plugin）来处理，此插件用于区分所请求的是静态资源还是动态资源，如图 1-3 所示。

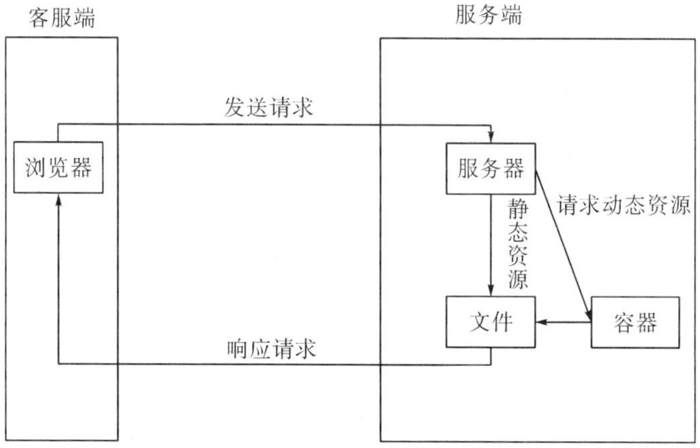

图 1-3 Web 应用程序访问过程

如果服务器插件发现客户端请求的是静态资源，比如.htm 或者是.html，则将请求直接转交给 Web 服务器。Web 服务器从文件系统中取出内容，发送回客户端浏览器进行解析执行。

如果服务器插件发现客户端请求的是动态资源，比如 JSP、ASP/ASPX、PHP，则先将请求转交给 Web 容器，通过 Web 容器连接数据库，再从数据库中取出数据，动态拼凑页面的展示内容;最后，把所有的展示内容交给 Web 服务器，通过 Web 服务器将内容发送回客户端浏览器进行解析执行。

1.4 Web 网站架构演变过程

我们以一个简单的电商系统为例，看看这个系统如何一步步从小到大进行演变。该系统具备三个功能：

用户模块：用户注册和管理。

商品模块：商品展示和管理。

交易模块：创建交易和管理。

1.4.1 单机建站阶段

网站建设的初期，我们经常会在单机上运行我们所有的程序和软件。此时我们使用一个容器，如 Tomcat、Jetty、Jboos，然后直接使用 JSP/Servlet 技术，或者使用一些开源的框架如 spring、struct、hibernat 等；最后再选择一个数据库管理系统来存储数据，如 MySQL、SQL Server、Oracle 等，然后通过 JDBC 进行数据库的连接和操作。把以上的所有软件都装载在同一台机器上，应用软件运行起来了，也算是一个小系统了。单机网站结构如图 1-4 所示。

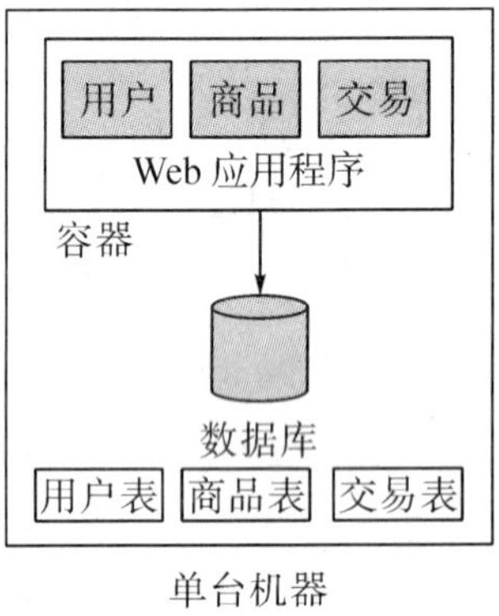

图 1-4 单机网站结构

1.4.2 应用服务器与数据库分离

网站上线后，随着访问量逐步上升，服务器的负载量也慢慢增加。在服务器还没有超载的时候，我们应该就要做好准备，提升网站负载能力。如果代码层面已难以优化，在不提高单台机器的性能的情况下，增加机器是一个不错的方式，因为这样不仅可以有效地提高系统的负载能力，而且性价比高。增加的机器用来做什么呢？此时我们可以把数据库、Web 服务器分离开来，这样不仅提高了单台机器的负载能力，也提高了容灾能力。应用服务器与数据库分离后的网站架构如图 1-5 所示。

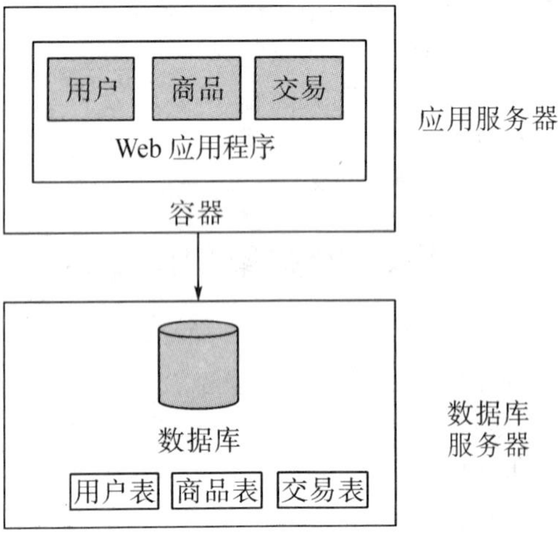

图 1-5 应用服务器与数据库分离后的网站架构

1.4.3 应用服务器集群

随着访问量继续增加，单台应用服务器已经无法满足需求了。在假设数据库服务器没有压力的情况下，我们可以把应用服务器从一台变成了两台甚至多台，把用户的请求分散到不同的服务器中，从而提高负载能力。多台应用服务器之间没有直接的交互，它们都是依赖数据库各自对外提供服务。我们以增加了一台应用服务器为例，增加后的网站架构如图 1-6 所示。

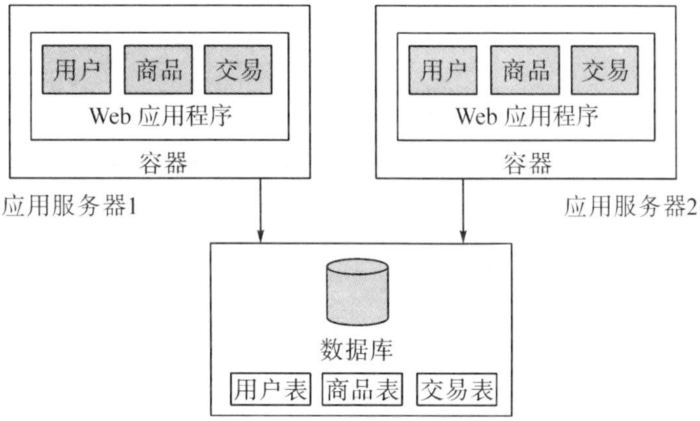

图 1-6 增加应用服务器集群后的网站架构

然而事情并不是如此简单，系统演变到这里，将会出现下面四个问题：

(1)用户的请求由谁来转发到具体的应用服务器，即负载均衡问题。

(2)转发算法，即集群调度算法问题。

(3)应用服务器如何返回用户的请求，即集群模式问题。

(4)如果每次访问到的服务器不一样，数据的一致性如何维护，即 session(阶段)的问题。

1.4.4 数据库读写分离化

上面我们总是假设数据库负载正常，但随着访问量的提高，数据库的负载也在慢慢增大。那么可能有人马上就想到跟应用服务器一样，把数据库一分为二再负载均衡即可。但对于数据库来说，并没有那么简单。假如我们简单地把数据库一分为二，然后将对于数据库的请求，分别负载到 A 机器和 B 机器，那么显而易见会造成两台数据库数据不统一的问题。对于这种情况，我们可以先考虑使用读写分离的方式。读写分离后的数据库网站架构如图 1-7 所示。这个结构变化后也会带来两个问题：

(1)主从数据库之间数据同步问题。

(2)应用对于数据源的选择问题。

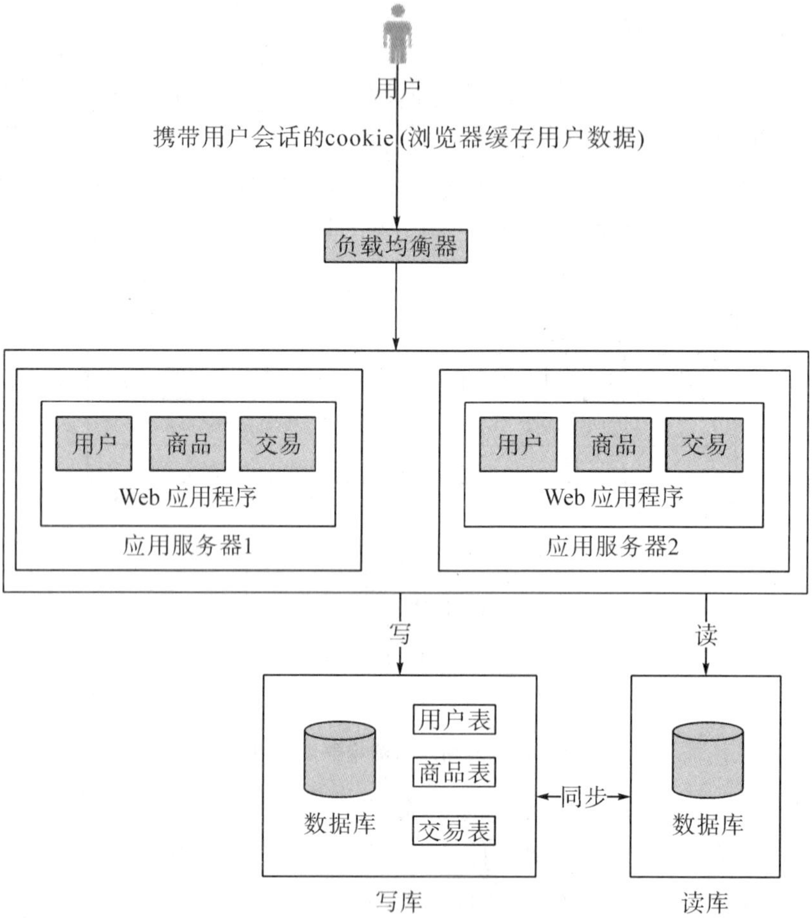

图 1-7　数据库读写分离后的网站架构

1.4.5　用搜索引擎缓解读库的压力

数据库做读库的话，常常对模糊查找力不从心，即使做了读写分离，这个问题也未能解决。以我们所举的交易网站为例，发布的商品存储在数据库中，用户最常使用的功能就是查找商品，尤其是根据商品的标题来查找对应的商品。对于这种需求，一般我们都是通过 SQL 的 like 功能来实现的，但是这种方式的代价非常大。此时，可以使用搜索引擎的倒排索引来完成，从而大大提高查询速度。引入搜索引擎后也会带来一些开销，比如：需要实现索引的构建、维护搜索引擎集群等。引入搜索引擎后的网站架构如图 1-8 所示。

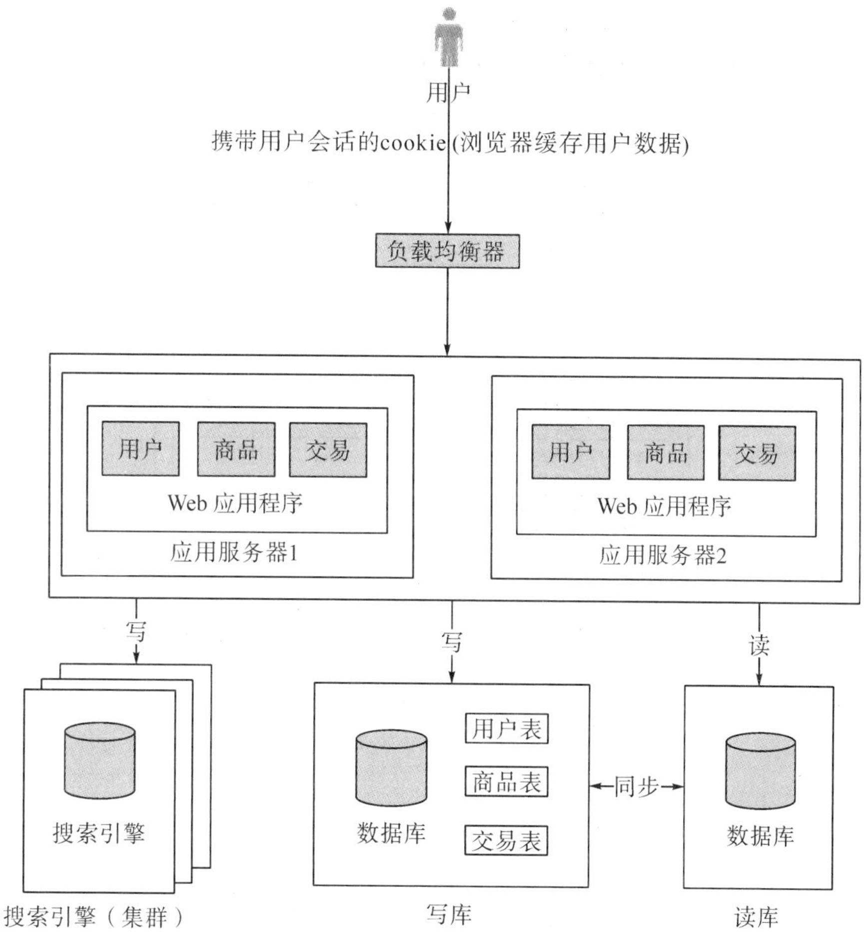

图 1-8　引入搜索引擎后的网站架构

1.4.6　数据库水平拆分与垂直拆分

网站演进到现在，交易、商品、用户的数据都还在同一个数据库中。尽管人们采取了增加缓存、读写分离的方式，但随着数据库中内容的持续增加，数据库的瓶颈越来越突出。此时，我们有数据垂直拆分和水平拆分两种选择。

- 数据垂直拆分

数据垂直拆分的意思是把数据库中不同的业务数据拆分到不同的数据库中，结合现在的例子，就是把交易、商品、用户的数据分开。其优点在于，解决了原来把所有业务放在一个数据库中的压力问题，可以根据业务的特点进行更多的优化；缺点是需要维护多个数据库。数据垂直拆分后的网站架构如图 1-9 所示。

- 数据水平拆分

数据水平拆分就是把同一个表中的数据拆分到两个甚至多个数据库中。产生数据水平拆分的原因是某个业务的数据量或者更新量到达了单个数据库的瓶颈，这时就可以把这个表拆分到两个或更多个数据库中。数据水平拆分后，又出现了新问题：访问用户信息的应用系统需要解决 SQL 路由的问题，因为现在用户信息分在了两个数据库中，需要在进行数据操作时了解要操作的数据在哪里。数据水平拆分后的网站架构如图 1-10 所示。

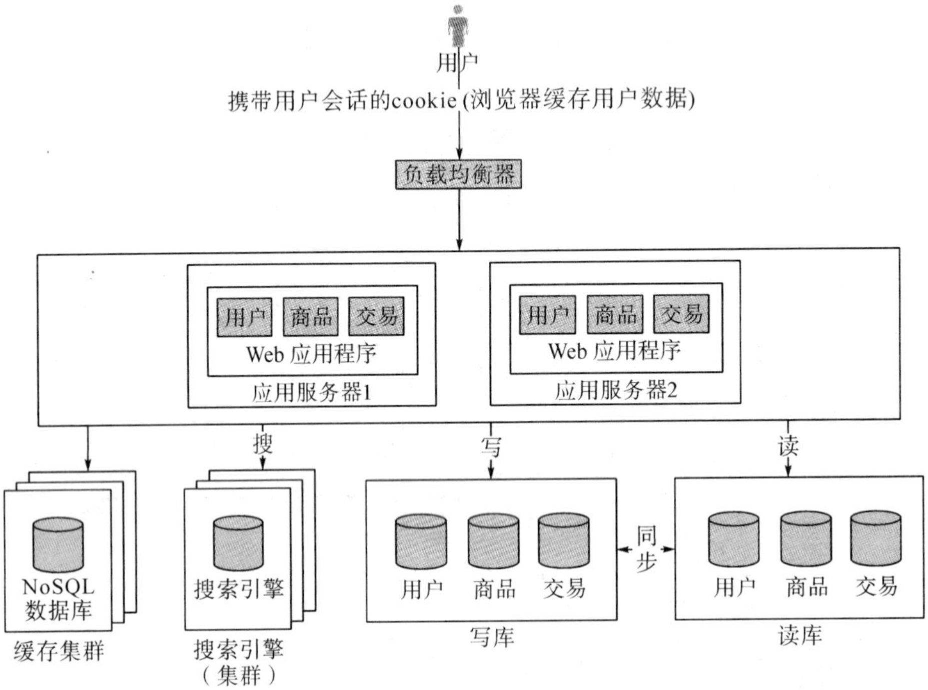

图 1-9　数据垂直拆分后的网站架构

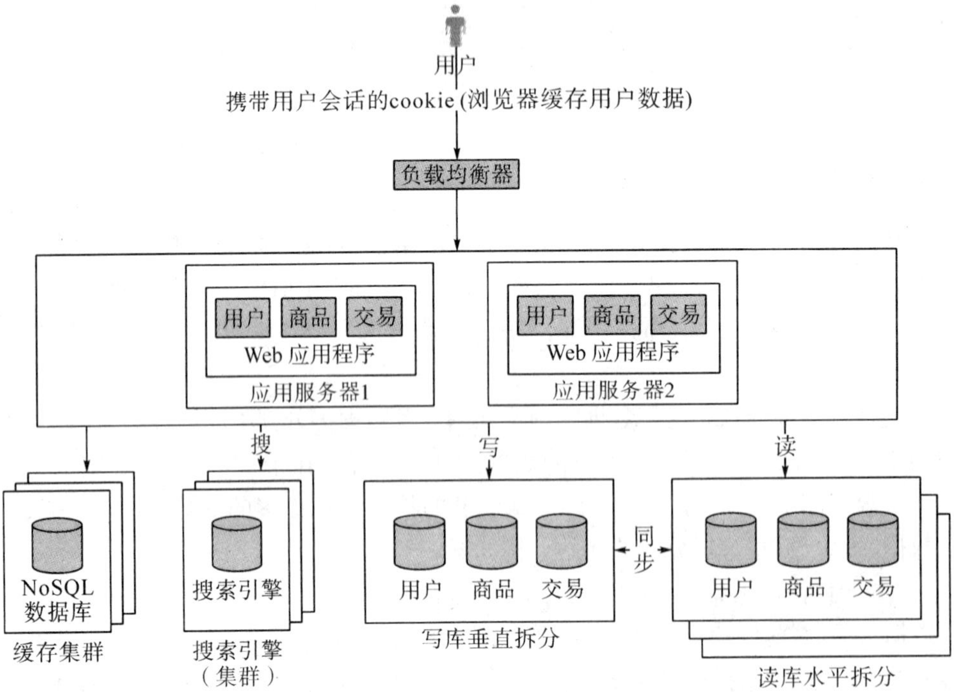

图 1-10　数据水平拆分后的网站架构

1.4.7 应用的拆分

随着社会的发展，业务越来越多，应用越来越大。我们需要考虑如何避免让应用越来越臃肿。这就需要把应用拆开，使一个应用变为两个甚至更多应用。还是利用上面的例子，我们可以把用户、商品、交易拆分开,变成“用户-商品”和“用户-交易”两个子系统。拆分应用后的网站架构如图 1-11 所示。

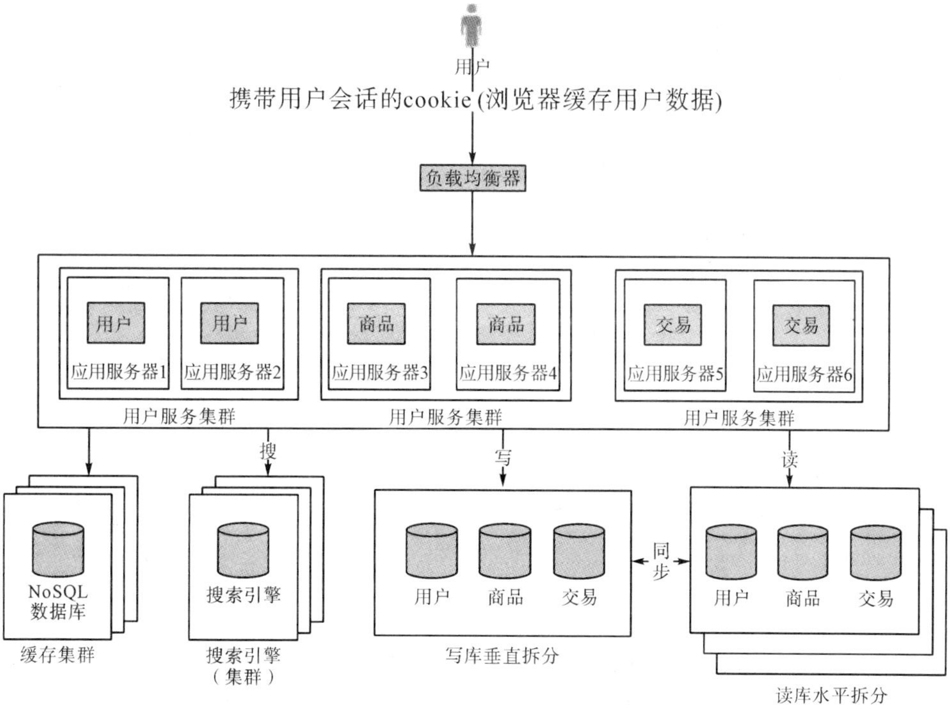

图 1-11　拆分应用后的网站架构

这样拆分后，可能会有一些相同的代码，比如商品和交易都需要使用用户信息，这样两个系统中就都要保留操作用户信息的代码。如何保证这些代码可以复用是一个需要解决的问题。

为了解决上面拆分应用后所出现的问题，我们把公共的服务拆分出来，形成一种服务化的模式，简称 SOA(service-oriented architecture)。面向服务的网站架构如图 1-12 所示。其优点在于，相同的代码不会散落在不同的应用中,代码得到了更好的维护。

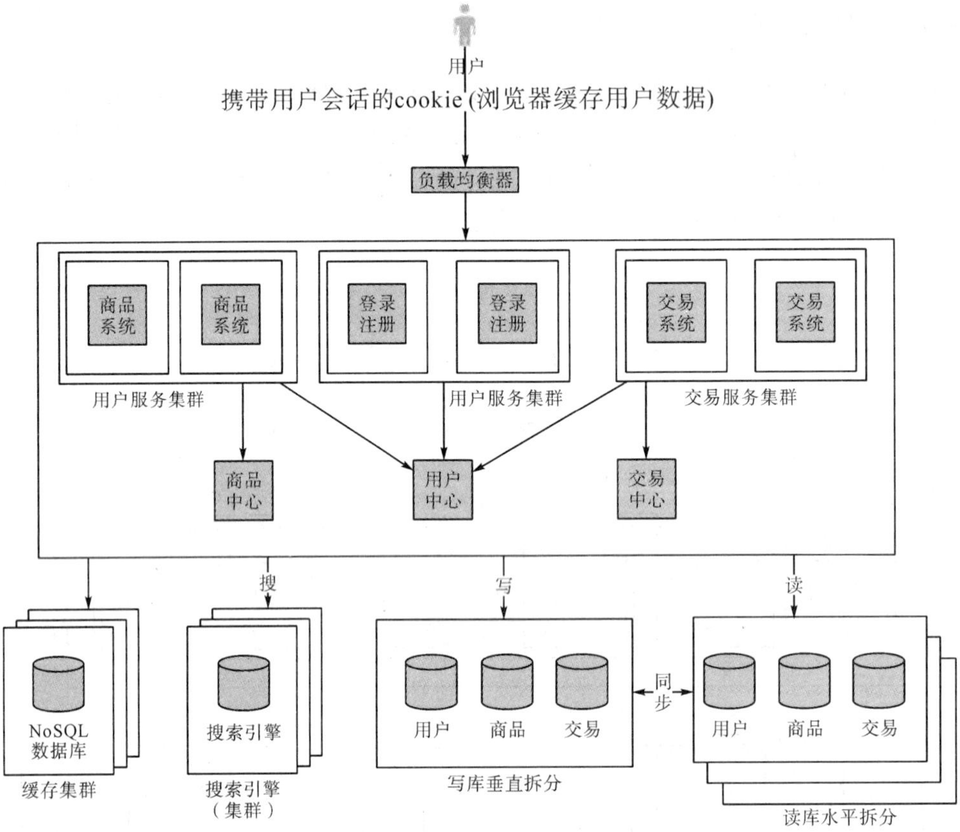

图 1-12　面向服务的网站架构

以上的演变过程只是一个例子，并不适合所有的网站，实际中网站演进过程与自身业务情况和遇到的问题有密切的关系，没有固定的模式。只有认真地分析和不断地探究，才能发现适合自己网站的架构。

1.5　本章小结

本章首先介绍了在网站的前端开发中，需要掌握的 HTML、CSS、JavaScript 等概念，对 Web 的基础知识进行了概述。其次，本章介绍了 Web 的发展历史，从单机建站到动态 Web 站点，其中涉及许多知识和概念，比如 HTTP 协议。随着互联网的日益普及，Web 朝着浏览器/服务器模式演变，在学习过程中我们需要理解 B/S 模式的原理、动态 Web 应用程序的访问过程。最后，本章详细讲解了一个电子商务网站的扩容演变过程，这些知识对于电子商务网站的运营管理工作非常重要。

2 Web 开发环境搭建

Web 服务器也称为 WWW(world wide web)服务器，主要功能是解析运行 Web 程序并提供网上信息浏览服务。常见的 Web 服务器有基于 ASP 的 IIS，基于 JSP 的 Tomcat、Weblogic 等。JSP 由于基于 Java 语言，具有跨平台、安全稳定等许多优点，迅速成为开发 Web 程序的最主要语言。同时，Tomcat 具有功能强大、占用空间小、开源免费等优点，这使得 Tomcat 在众多 JSP 服务器中脱颖而出，成为主流的 Web 服务器之一。

2.1 安装 JDK

2.1.1 安装目的

JDK(Java Development Kit)是 Java 语言的软件开发工具包，主要用于移动设备、嵌入式设备上的 Java 应用程序。JDK 是整个 Java 开发的核心，它包含了 Java 的运行环境(JVM,即 Java 虚拟机)和 Java 工具。在 JSP 开发中，JDK 的安装是第一步，在配置好 JDK 后，MyEclipse 才能完整地运行。

2.1.2 下载 JDK

首先安装 JDK，其包括了 Java 运行环境、Java 工具和 Java 基础的类库。目前，提供下载的最新版本为 JDK 10(本课程建议下载 JDK 8)。建议到官方网站下载(见图 2-1)。

下载前选择接受许可证(accept license)。本教材针对 Windows 系统，其中 X86 是 32 位的，X64 是 64 位的，学员根据自己的操作系统选择相应的下载包。

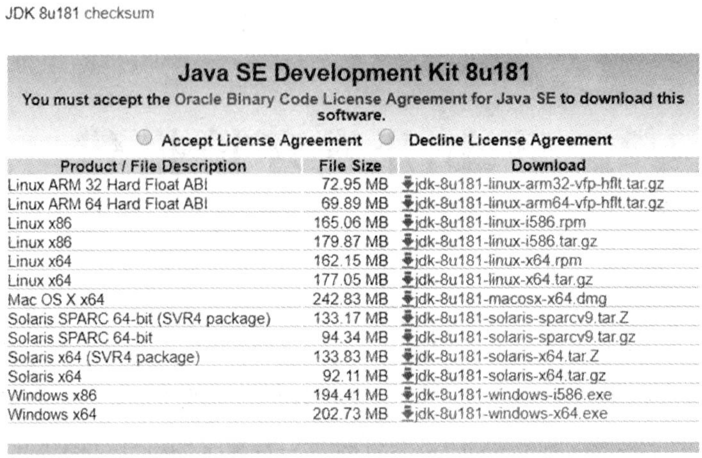

JDK 8u181 checksum

Java SE Development Kit 8u181

You must accept the Oracle Binary Code License Agreement for Java SE to download this software.

Accept License Agreement　Decline License Agreement

Product / File Description	File Size	Download
Linux ARM 32 Hard Float ABI	72.95 MB	jdk-8u181-linux-arm32-vfp-hflt.tar.gz
Linux ARM 64 Hard Float ABI	69.89 MB	jdk-8u181-linux-arm64-vfp-hflt.tar.gz
Linux x86	165.06 MB	jdk-8u181-linux-i586.rpm
Linux x86	179.87 MB	jdk-8u181-linux-i586.tar.gz
Linux x64	162.15 MB	jdk-8u181-linux-x64.rpm
Linux x64	177.05 MB	jdk-8u181-linux-x64.tar.gz
Mac OS X x64	242.83 MB	jdk-8u181-macosx-x64.dmg
Solaris SPARC 64-bit (SVR4 package)	133.17 MB	jdk-8u181-solaris-sparcv9.tar.Z
Solaris SPARC 64-bit	94.34 MB	jdk-8u181-solaris-sparcv9.tar.gz
Solaris x64 (SVR4 package)	133.83 MB	jdk-8u181-solaris-x64.tar.Z
Solaris x64	92.11 MB	jdk-8u181-solaris-x64.tar.gz
Windows x86	194.41 MB	jdk-8u181-windows-i586.exe
Windows x64	202.73 MB	jdk-8u181-windows-x64.exe

图 2-1　JDK 下载网页界面

2.1.3　设置环境变量

环境变量是在操作系统中用来指定操作系统运行环境的参数。此处举个例子来说明环境变量。比如 path，当用户运行一个程序而不知道程序所在的完整路径时，系统除了在当前目录下面寻找此程序外，还会到 path 中指定的路径去找。通俗地讲，你要的东西我这里没有，怎么办呢？那就去 path 中指定的位置去找吧！

与 Java 程序类似，JSP 程序在编译程序时，我们需要用到 javac 这个编译工具。javac 是在 Java 的安装目录下的，当我们在其他目录调用 javac 时，系统可能会因为在当前目录找不到而报错。为了方便编译程序，需要给 JDK 设置环境变量。

操作 1　右击“我的电脑”→“属性”→“高级系统设置”　如图 2-2 所示。

图 2-2　JDK 环境变量设置操作步骤 1

操作 2 点击“环境变量”→在系统变量中找到 path 如图 2-3 所示。

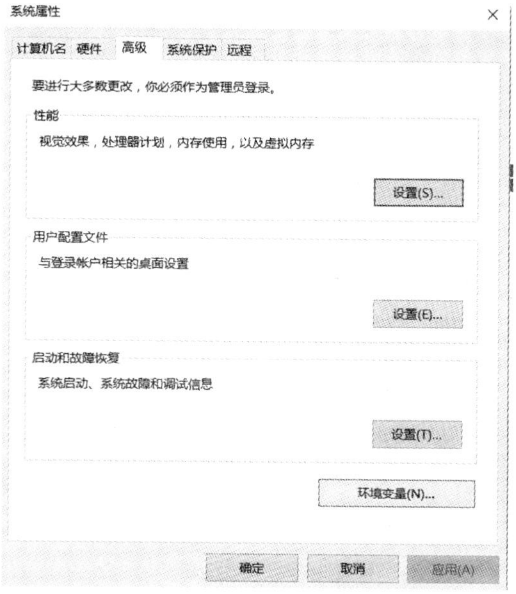

图 2-3 JDK 环境变量设置操作步骤 2

为了方便，我们先新建一个环境变量命名为“JAVA_HOME”(这名字是可以随便取的)。

操作 3 点击“新建” 如图 2-4 所示。

假设我们的 JDK 安装路径为 C:\Program Files (x86)\Java\jdk1.6.0_07，那么环境变量的值只要到这个路径就可以了，不要在后面加\bin 等路径了。

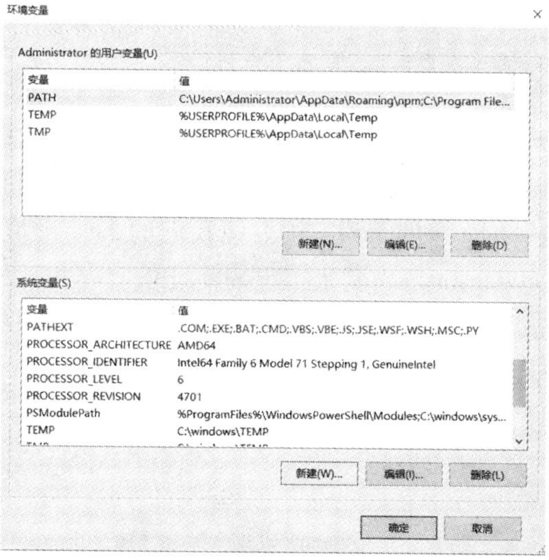

图 2-4 JDK 环境变量设置操作步骤 3

操作 4 设置变量名：JAVA_HOME，变量值：你的 JDK 所在路径 如图 2-5 所示。

新建 JDK 环境变量，JAVA_HOME。

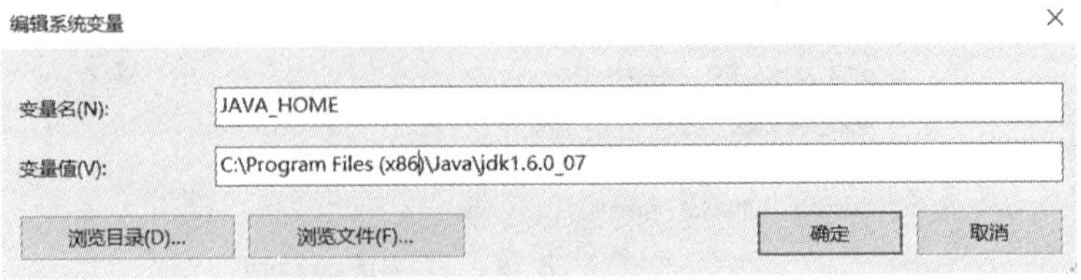

图 2-5　JDK 环境变量设置操作步骤 4

操作 5　双击“Path”，在变量值的最前面，填上“%JAVA_HOME% \bin”　如图 2-6 所示。

分号不能少，而且所有的符号都必须是英文。

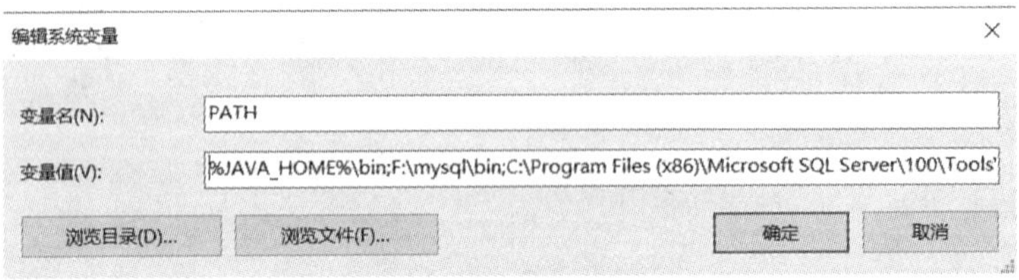

图 2-6　JDK 环境变量设置操作步骤 5

小贴士：为什么要加%%?

%%表示动态地获取某一个已存在的环境变量的值。%JAVA_HOME%就表示了我们的安装路径，以后如果我们的安装路径改变，只需要在 JAVA_HOME 的值中改变相应路径就行了，不需要每次都到 path 中去改动。我们知道 path 中已经存在很多的值了，如果不小心将其删掉或者改变，系统中的某些程序就不能正常运行了，所以为了不出现这样的失误，我们用%JAVA_HOME%来代替可能需要变动的路径，从而方便我们的操作，也更加直观。

在这里，还有一个环境变量 classpath 要设置。classpath 是用来指定 Java 中类或者包所在的路径。在以后的学习中，我们还需要用 Java 虚拟机去寻找 Java 中的库，这也是需要用 classpath 来指定路径的。总的来说，这方便我们的 Java 虚拟机去寻找相应的类文件。Java 虚拟机会按照 classpath 环境变量指定的地址依次寻找，以最先找到的为准，一般我们将其值设为：.;%JAVA_HOME% \lib\dt.jar;%JAVA_HOME% \lib\tools.jar。

操作 6　新建 classpath　如图 2-7 所示。

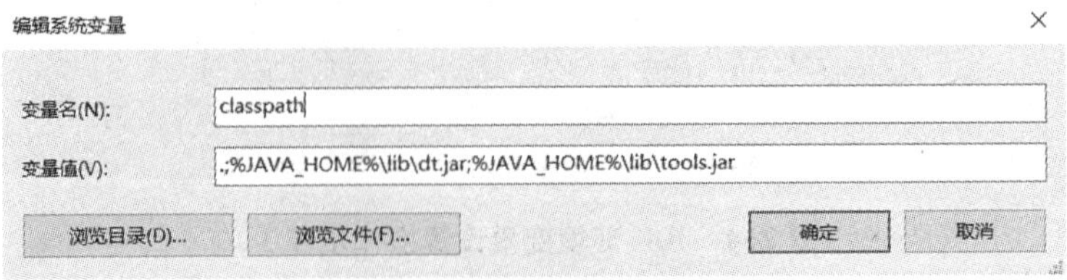

图 2-7　JDK 环境变量设置操作步骤 6

变量值最前面有个点，代表的是当前路径，最后面最好不加分号，原因在以后的学习中会说明。这是一劳永逸的设置环境变量的方式。如果我们在使用别人的计算机开发或者编译时，不便更改别人的 path，为此我们还可以设置临时变量，临时变量是在 DOS 命令行中进行设置的，设置之后，只在当前的命令行窗口中有效，设置方式为：

set path=你需要的路径

set 命令用于查看或者设置环境变量的值。因此也可以用 set path 这样的命令来查看 path 中的地址值。编译完之后，把命令行窗口关闭即可。

2.1.4 检验环境变量设置

环境变量究竟是不是设置好了，还需要我们去检验下。

操作 7 按下快捷键 Win+R→输入 cmd→输入 javac 和 java 如图 2-8 所示。

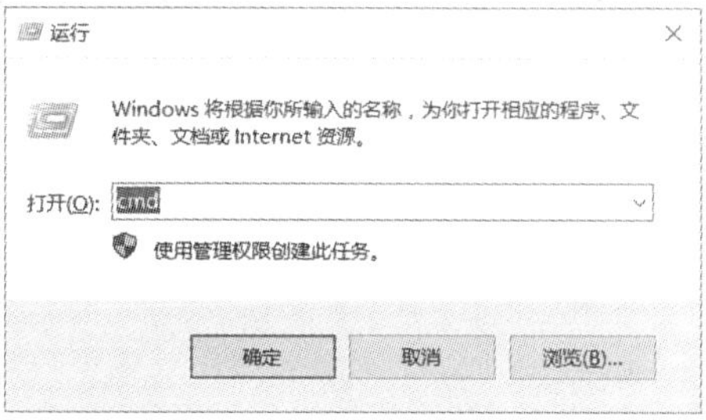

图 2-8 JDK 环境变量检验(操作步骤 7)

输入 javac 之后的界面如图 2-9 所示，表示设置成功了。

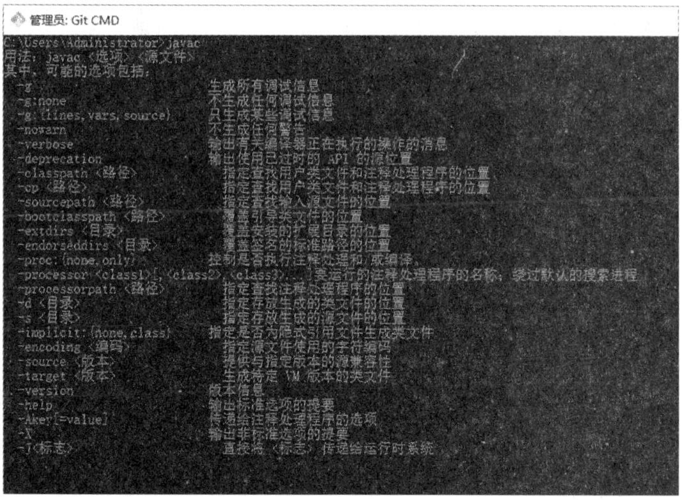

图 2-9 输入 javac 后的界面

输入 java 后的界面如图 2-10 所示，表示设置成功了。接下来可以开始我们的第二步——MyEclipse 的配置安装。

图 2-10　输入 java 后的界面

2.2　安装 MyEclipse

2.2.1　安装目的

MyEclipse 是在 Eclipse 基础上加上自己的插件开发而成的功能强大的企业级集成开发环境，主要用于 Java、Java EE 以及移动应用的开发。MyEclipse 是一个十分优秀的用于开发 Java、J2EE 的 Eclipse 插件集合，功能非常强大，支持的产品也十分广泛，尤其是对各种开源产品的支持十分不错。MyEclipse 可以支持 Java Servlet、AJAX、JSP、JSF、Struts、Spring、Hibernate、EJB3 和 JDBC 数据库链接工具等多项功能。MyEclipse 是几乎囊括了所有主流开源产品的专属 Eclipse 开发工具。

2.2.2　下载 MyEclipse

选择适当的 MyEclipse 版本，本书以 MyEclipse 2017 为例来讲解安装过程，建议到官方中文网站下载相应的安装包。

2.2.3　安装 MyEclipse

操作 1　下载后，双击 MyEclipse 2017.exe 文件　进入安装界面，如图 2-11 所示，点击“Next”即可进入下一步。

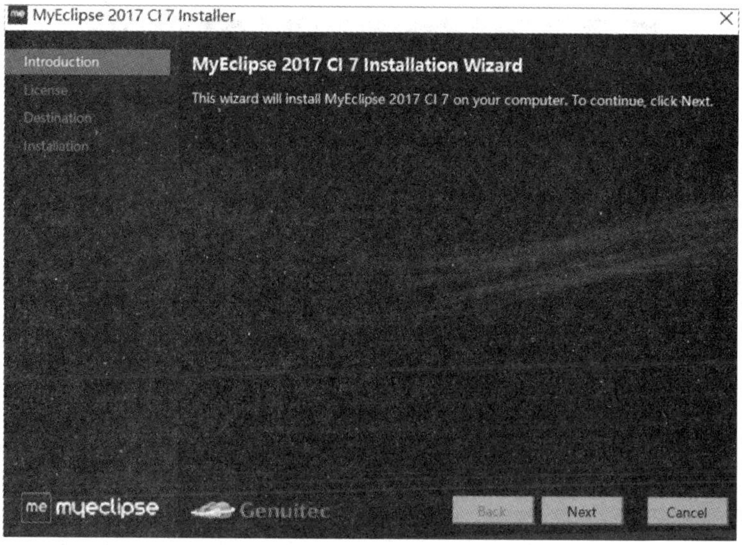

图 2-11　MyEclipse 的安装界面

操作 2　选择安装路径，点击“Change”可改变安装路径　如图 2-12 所示，可以选择 C 盘也可以选择其他盘符，完成后进入下一步。这里我们选择安装在 E 盘。

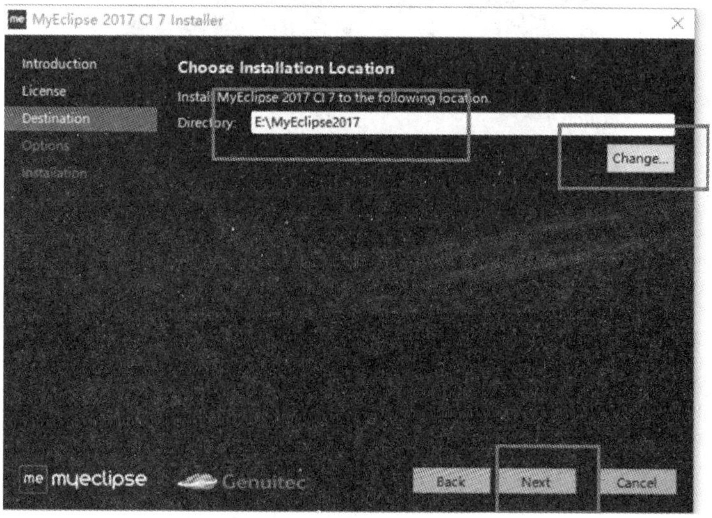

图 2-12　选择安装路径

操作 3　选择相应的操作系统版本路径　如图 2-13 所示，目前我们使用的一般是 64 位 Windows 系统，选择 64-bit 进入下一步。

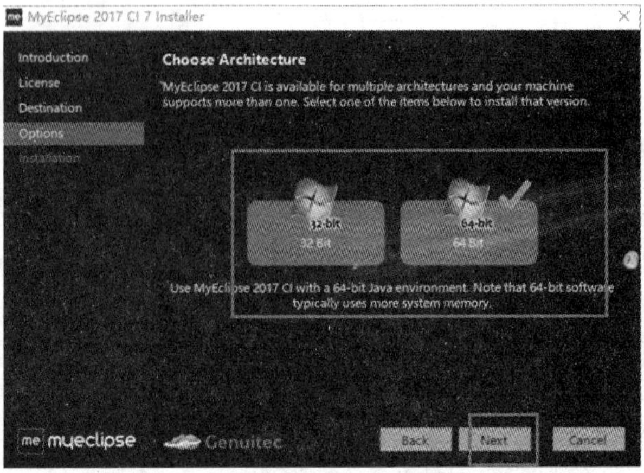

图 2-13 选择相应的操作系统

安装完成，如图 2-14 所示。点击“Finish”后会自动启动 MyEclipse 2017，启动界面如图 2-15 所示。整个安装流程完成。

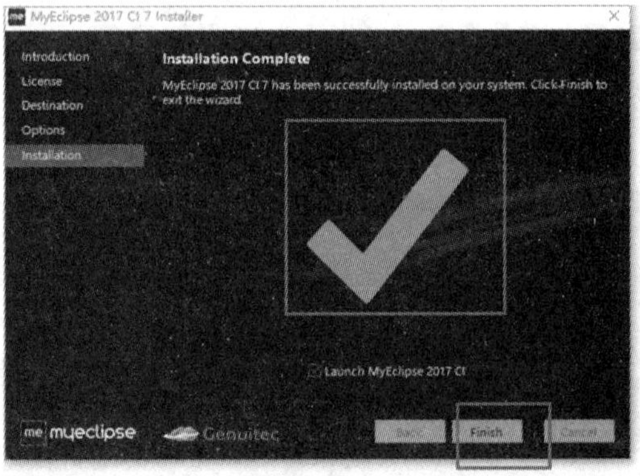

图 2-14 MyEclispe 安装完成

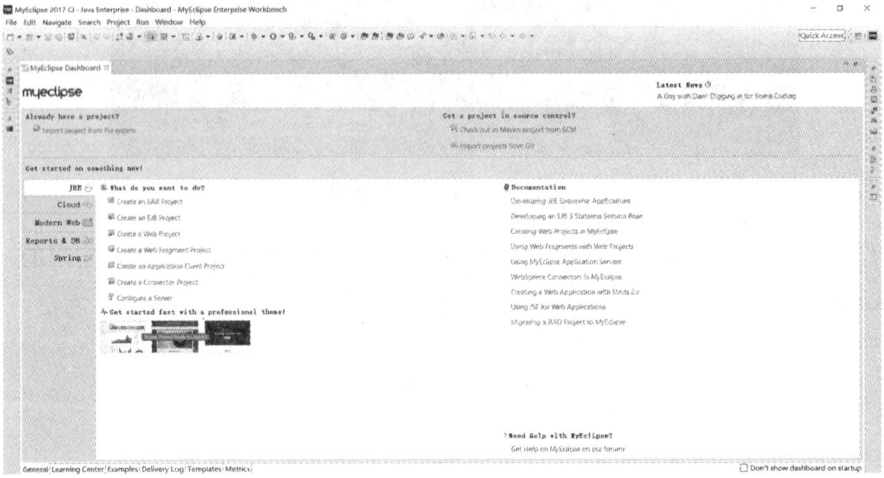

图 2-15 MyEclispe 启动界面

2.3 安装 MySQL

2.3.1 安装目的

MySQL 是一个关系型数据库管理系统，由瑞典 MySQL AB 公司开发，属于甲骨文公司旗下产品。MySQL 所使用的 SQL 语言是用于访问数据库的最常用的标准化语言。MySQL 具有体积小、速度快、成本低的优点。一般中小型网站的开发都选择 MySQL 作为后台数据库。

MySQL 安装文件分为两种，一种是 zip 格式的，一种是 msi 格式的。下面分别讲解两种文件的安装过程。

2.3.2 zip 文件安装过程

zip 格式解压缩之后其实 MySQL 就可以使用了，但是要进行配置。解压之后可以将该文件夹改名，放到合适的位置，建议把文件夹改名为“MySQL”，放到 C：\Program Files\MySQL 路径中。当然也可以放到自己想放的任意位置。

下面以 MySQL 5.5 免安装版为例，讲解 zip 格式的配置过程。建议到官方网站下载 mysql-5.5.58-winx64.zip 文件。

操作 1　解压 mysql-5.5.58-winx64.zip 至需要安装的位置　比如存放到 F 盘根目录下。

操作 2　修改配置文件　在解压的文件夹下找到 my-small.ini 配置文件，复制并将其重命名为“my.ini”，用记事本打开后进行编辑，在[mysqld]下面添加(假设 mysql 的 zip 安装包解压后存放在 F：\mysql 下)：

```
# 设置 mysql 的安装目录
basedir=f:\mysql\
# 设置 mysql 数据库的数据存放目录
datadir=f:\mysql\data
```

在文件末尾添加：

```
[WinMySQLadmin]
Server = f:\mysql\bin\mysqld.exe
```

操作 3　设置环境变量　在 path 中添加：F：\mysql\bin。

操作 4　安装 MySQL 服务　点击开始菜单→在搜索栏里面输入 cmd，上面显示出 cmd，如图 2-16 所示。(别忙着点确定，用右键单击“cmd.exe”，选择以管理员的身份运行这个选项。)

图 2-16　启动 cmd

以管理员身份打开 cmd 窗口后，将目录切换到你解压文件的 bin 目录，即 F:\mysql\bin。输入命令行：

mysqld --install MySQL --defaults-file="f:\mysql\my.ini"

系统提示“Service successfully installed”，即表示安装成功，如图 2-17 所示。

```
F:\mysql\bin>mysqld --install MySQL --defaults-file="f:\mysql\my.ini"
Service successfully installed.
```

图 2-17　安装成功界面

操作 5　输入 net start mysql 启动服务　如果是关闭服务，命令是 net stop mysql。MySQL 服务启动成功，如图 2-18 所示。

```
F:\mysql\bin>net start mysql
The MySQL service is starting..
The MySQL service was started successfully.
```

图 2-18　MySQL 服务启动成功界面

操作 6　登录 MySQL 数据库管理系统　将目录切换到 F:\mysql\bin，输入命令：

mysql -uroot -p

默认是没有密码的，按回车键进入。当然如果设置了密码，系统会提示输入密码。当出现如下提示符，光标在闪烁，表示已经成功登录数据库管理系统，如图 2-19 所示。

```
F:\mysql\bin>net start mysql
The requested service has already been started.

More help is available by typing NET HELPMSG 2182.


F:\mysql\bin>mysql -uroot -p
Enter password: ******
Welcome to the MySQL monitor.  Commands end with ; or \g.
Your MySQL connection id is 3
Server version: 5.5.58 MySQL Community Server (GPL)

Copyright (c) 2000, 2017, Oracle and/or its affiliates. All rights reserved.

Oracle is a registered trademark of Oracle Corporation and/or its
affiliates. Other names may be trademarks of their respective
owners.

Type 'help;' or '\h' for help. Type '\c' to clear the current input statement.

mysql>
```

图 2-19　登录 MySQL 成功界面

操作 7　退出 MySQL 数据库管理系统　输入“exit”。记住直接关闭 cmd 窗口是没有退出的，要输入“exit”才会退出，如图 2-20 所示。

图 2-20　退出 MySQL 系统界面

2.3.3　msi 文件安装过程

msi 格式的文件可以直接点击“安装”。我们可以按照它给出的提示进行安装，一般将 MySQL 安装在 C:\Program Files\MySQL\MySQL Server 目录中。建议到官方网站下载文件，如图 2-21 所示。

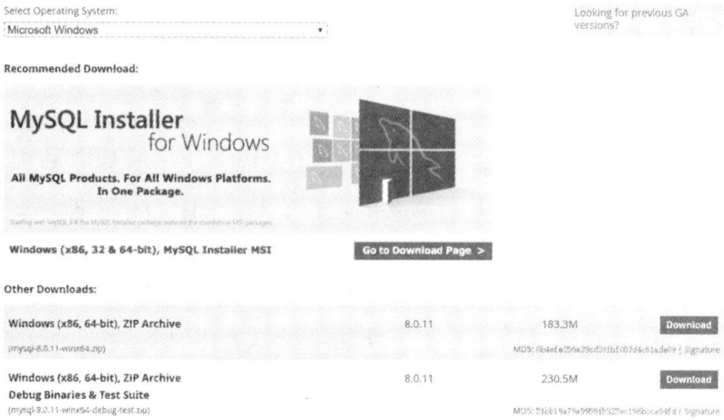

图 2-21　MySQL 安装文件(msi 格式)官方下载网页

我们选择推荐下载版本 8.0.11，点击“Go to Download Page”，接着会跳转到另外一个页面，选择不登录下载，点击“No thanks,just start my download”，进入下载，如图 2-22 所示。

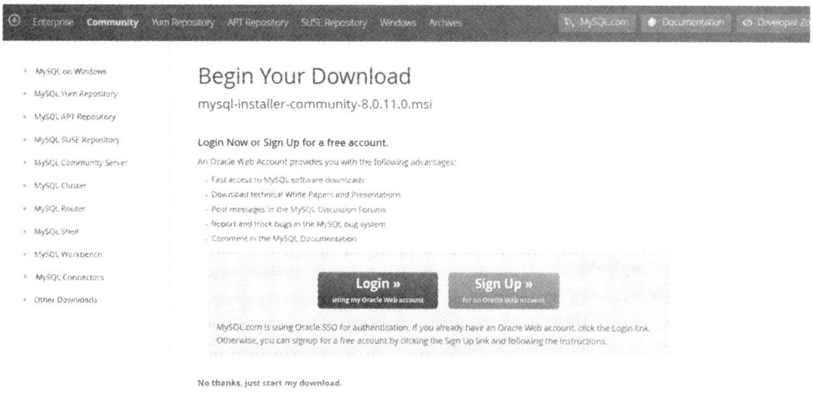

图 2-22　进入下载界面

操作 1　点击下载好后的 MySQL 程序，进入安装页面　在同意安装条款后，选择安装方式，这里我们选择默认安装 Developer Default,即第一个选项，如图 2-23 所示。

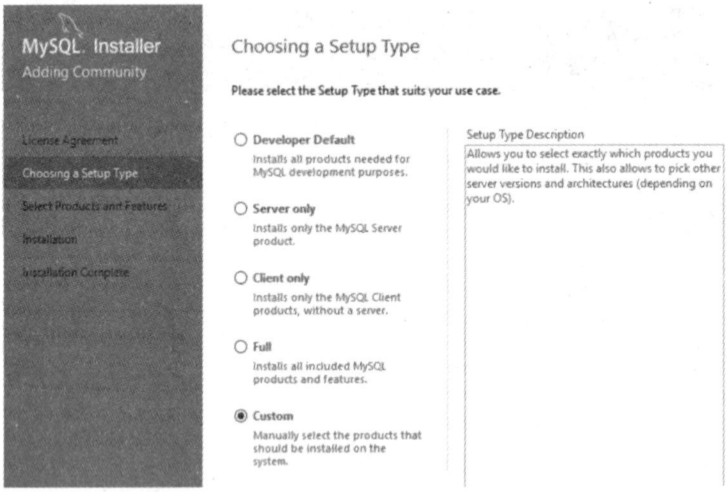

图 2-23　MySQL 软件安装界面

选择完成后点击“Next”进入下一步,检测软件支撑。这个时候安装程序会自动检查配置环境，反馈还缺少哪些 MySQL 所需要的软件支撑。如图 2-24 所示，安装程序提醒未安装 Python 2. 7。根据提醒依次去安装对应的软件依赖。特别提醒，可以在未安装完软件依赖包的情况下进行下一步安装，但不推荐这样做，因为不完整的 MySQL 在使用中容易出现一些莫名其妙的报错。为了方便后期调试，建议安装完所有的软件依赖包。安装完所有依赖包后进入下一步子程序安装。

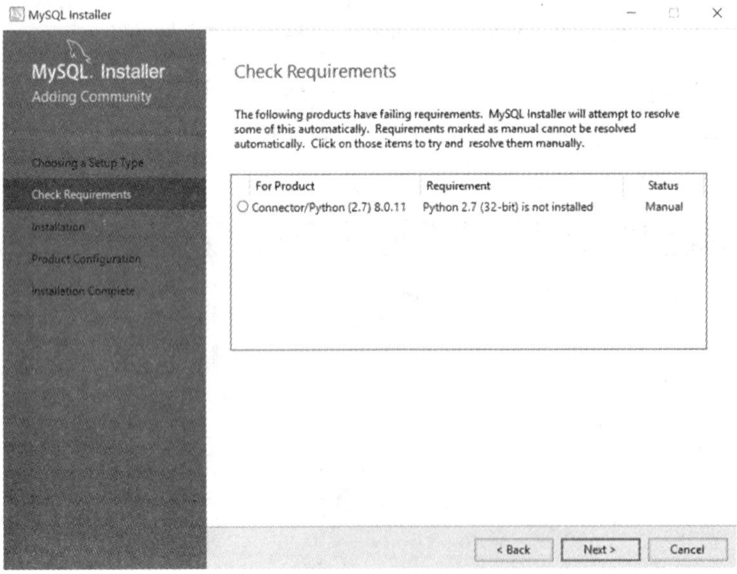

图 2-24　软件依赖检查界面

操作 2　点击“Execute”按钮安装所有子程序　安装完成后的界面如图 2-25 所示。

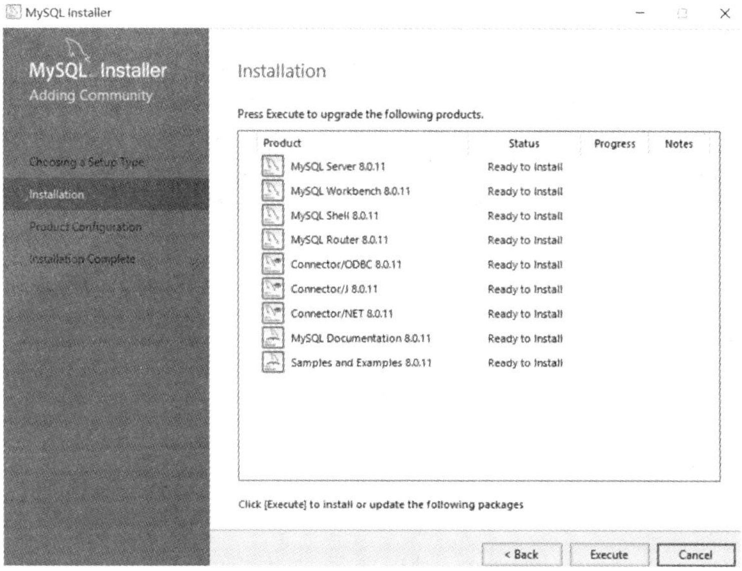

图 2-25　软件安装子程序界面

操作 3　选择开发类型　这里我们选择第一项“Standalone MySQL Server/ Classic MySQL Replication”，点击“Next”进入下一步，如图 2-26 所示。

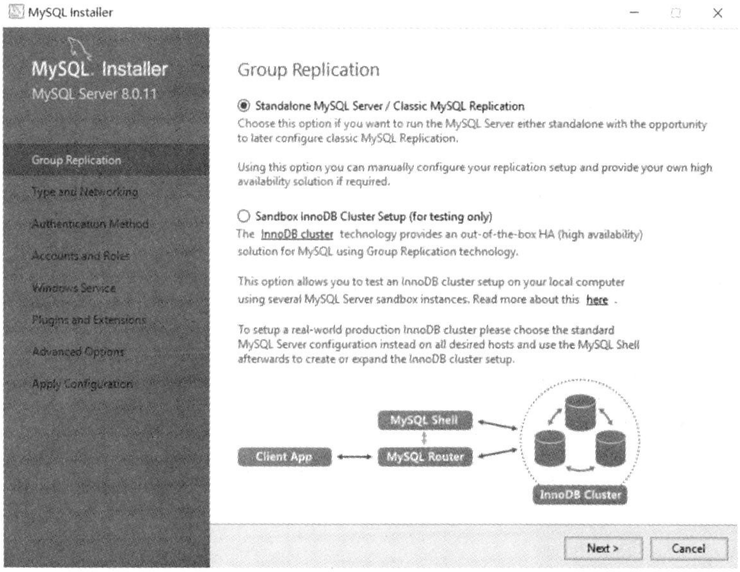

图 2-26　开发类型选择

操作 4　选择开发模式　这里的选项一共有三个：第一个为开发者模式，也是我们选择的模式；第二个是服务器模式；第三个是网络专用服务器。具体差别不再叙述，有兴趣的同学可自行查阅。选择好 Development Computer 模式后，进行端口号配置，如图 2-27 所示。

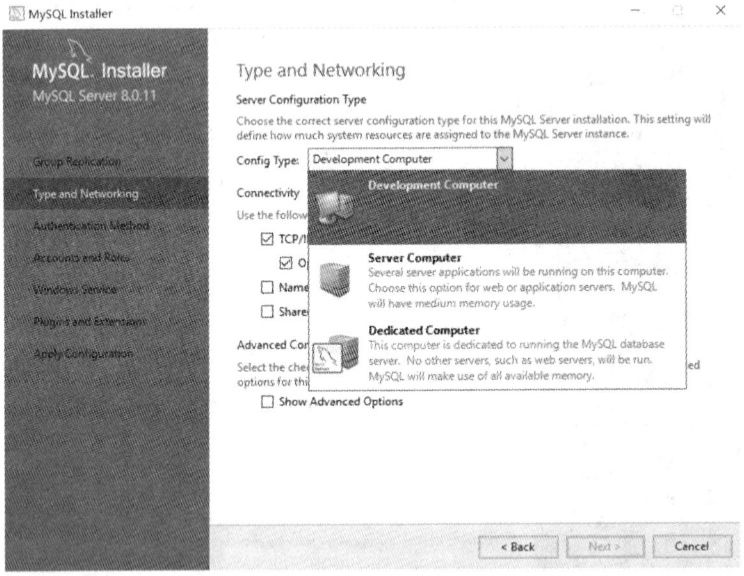

图 2-27 选择 MySQL 开发模式

操作 5 设置端口号 如图 2-28 所示，MySQL 在安装过程中默认的端口号是 3306。特别要注意旁边的黄色图标，它提醒用户该端口号已被占用，如果安装过程中出现如图 2-28 所示的黄色感叹号，则需要更改端口号。这里修改为 3308 后感叹号消失，其他选项使用默认配置，点击“Next”进入下一步，设置根密码和用户。

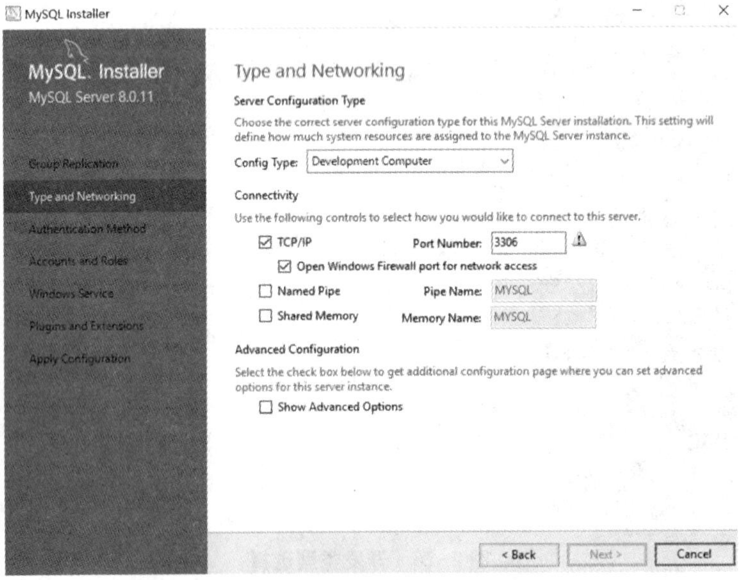

图 2-28 设置 MySQL 端口号

操作 6 设置登录账户和密码 为了教学方便，本教材数据库的密码都设置为 1234，建议密码和项目设置保持一致，添加用户可以在后期中去操作。设置好密码后，点击“Next”进入下一步，进行配置安装，如图 2-29 所示。

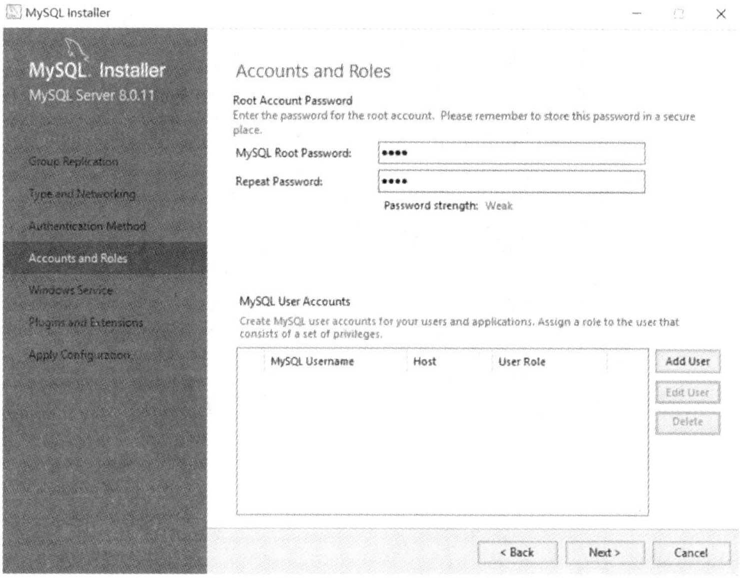

图 2-29　设置数据库账户

操作 7　配置安装　点击"Execute"，安装程序进入系统配置等安装，之后 MySQL 整体软件安装成功，如图 2-30 所示。

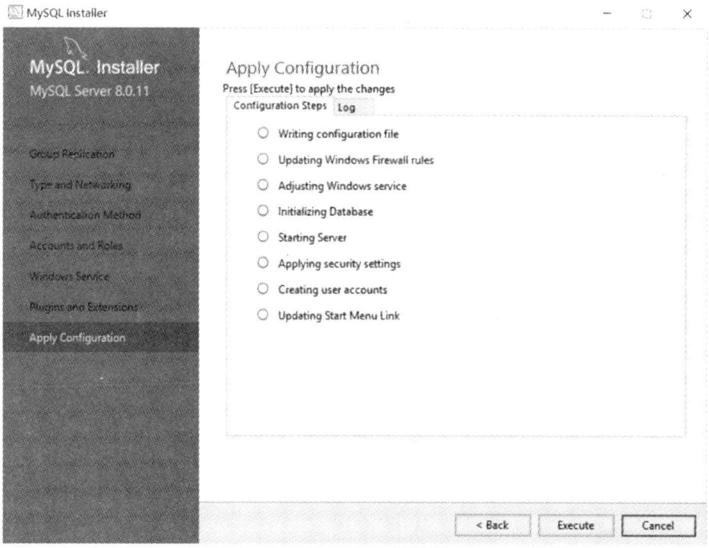

图 2-30　配置安装 MySQL

操作 8　检测 MySQL 安装是否成功　按 Win 键找到 MySQL 8.0 Command Line Client-Unicode 应用程序，如图 2-31 所示。

图 2-31　开始菜单中的 MySQL 命令行程序

操作 9　输入密码　点击进入命令行窗口，输入设置的密码显示页面如图 2-32 所示，表示安装成功。

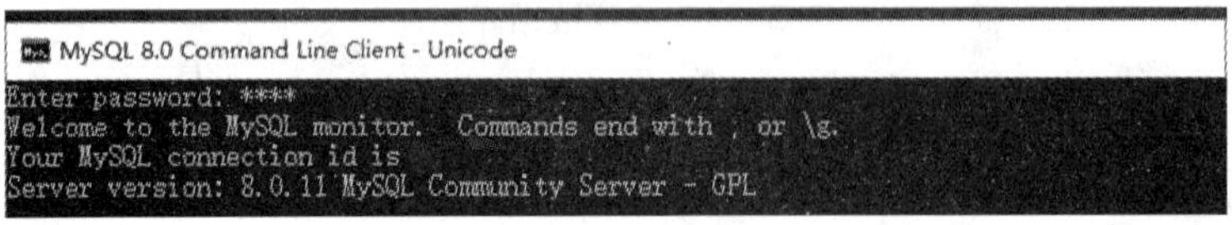

图 2-32　输入数据库登录密码

也可用 Navicat 控制台程序进行 MySQL 软件检测，打开 Navicat，点击“新建连接”，输入连接名和数据库密码，如图 2-33 所示。点击“确定”，找到左侧对应连接名的数据库，点击“打开”，打开成功则表示 MySQL 安装成功。

图 2-33　Navicat 控制台程序进行 MySQL 数据库连接测试

2.4 安装 Navicat for MySQL

2.4.1 安装目的

Navicat for MySQL 是一款强大的 MySQL 可视化数据库管理和开发工具，它为专业开发者提供了一套强大工具，新用户也易于学习。同时，它使用了极好的图形用户界面（GUI），可以用一种安全的方式快速和容易地创建、组织、存取和共享信息。

2.4.2 下载 Navicat for MySQL

建议在官方网站下载该软件，如图 2-34 所示。

根据操作系统选择适用的版本。这里我们选择 Windows（64 位）版本下载安装，安装过程中无特殊事项，只需点击“下一步”直到完成即可，此处省略安装步骤。

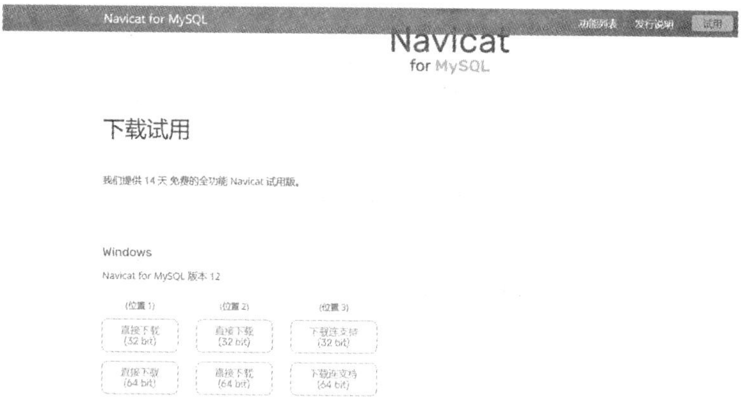

图 2-34 Navcat 下载主页

2.4.3 检测 Navicat for MySQL

安装完成后，打开软件，显示如图 2-35 所示界面便表示安装成功。

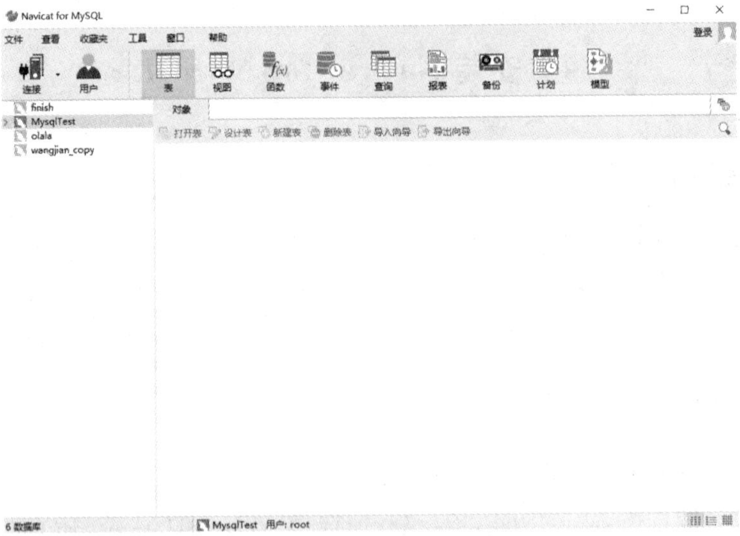

图 2-35 Navicat 安装完成启动界面

2.5 本章小结

在 Web 环境搭建中，我们一共安装了四个应用软件。其中，采用 JDK 和 MyEclipse 搭建了 Web 系统的集成开发环境；采用 MySQL 构建了后台数据库。为了提高开发效率，我们还引入了可视化数据库管理工具 Navicat for MySQL。在软件安装过程中，JDK 和 MySQL 软件的安装配置有一定的复杂性，需要细心和耐心。在学习完本章后，同学们需要完成课后的实验一。

实验一　Web 开发环境搭建

一、实验主要目的、要求和类型

1. 实验主要目的

（1）了解在基于 Windows 操作系统平台上搭建 Web 服务器所需的软件及安装步骤；

（2）掌握设置 JDK 以及环境变量的作用及操作步骤，并能正确设置环境变量；

（3）掌握 MyEclipse、MySQL 的安装方法；

（4）掌握 MyEclipse、MySQL 的配置。

2. 实验要求

通过下载并安装 JDK、MyEclipse、MySQL，正确配置软件环境及环境变量，熟悉 MyEclipse 开发环境，为后续实验项目打下基础。

3. 实验类型

验证。

二、实验使用的硬件和软件

1. 硬件准备

使用计算机操作，从而掌握相关原理。项目前期计划既有定性的工作又有定量的工作，学生通过一组设计实验，能够充分吸收相关理论知识并将其用于实践。

2. 软件准备

JDK、MyEclipse、MySQL 安装包等软件，参照第二章方法、步骤完成本次实验。

三、实验基本步骤

1. JDK 的下载及安装、配置环境变量

从官方网站下载最新的 JDK，解压后安装到计算机上，为了以后环境变量配置的方便，建议将 JDK 安装到 C 盘的根目录上。

2. MyEclipse 的下载及安装

安装 8.5 以上的 MyEclipse 版本，将 Workspace 设置在 C 盘以外的硬盘空间。

3. MySQL 的下载及安装、配置环境变量、测试数据库

具体略。

四、实验中的注意事项

记录基本操作步骤，通过操作来验证图形结果的正确性。把握思考的主线，注意思想性的内容大于操作本身。学会操作，为今后进行构思、分析提供方便。

五、实验思考题

1. 为什么要配置 Java 环境变量？
2. Java 与 JSP 的关系是什么？

3 JSP 编程基础

3.1 JSP 概述

3.1.1 JSP 基本概念

动态 Web 实现的手段非常多，较为常见的有 Microsoft ASP.NET、PHP 和 JSP。Sun 公司最早的 Web 技术推出的是 Servlet 程序。Servlet 程序本身使用的时候有一些问题，所有的程序是采用 Java+HTML 的方式编写的，即要使用 Java 输出语句，一行一行地输出所有的 HTML 代码，之后 Sun 公司受到了 ASP 的启发，发展出了 JSP。JSP 某些代码的编写效果与 ASP 是非常相似的。

JSP 的全称为 Java server page，直译就是“运行在服务器端的页面”。我们可以直接把 JSP 代码嵌入 HTML，使用上把它当作 HTML 文件。而且 JSP 中 HTML、CSS、JS 等的写法和 HTML 文件中的写法是一模一样的。但它毕竟又不是 HTML，而且和 HTML 本质上差了十万八千里。因为我们还可以把 Java 代码内嵌在 JSP 页面中，很方便地把动态数据渲染成静态页面。这一点，HTML 是做不到的。

当用户访问 JSP 页面时，服务器内部会经历一次动态资源（JSP）到静态资源（HTML）的转化，服务器会自动帮我们把 JSP 中的 HTML 片段和数据拼接成静态资源响应给浏览器。也就是说，JSP 是运行在服务器端，但最终发给客户端的都已经是转换好的 HTML 静态页面。

JSP = HTML + Java 片段(各种标签本质上还是 Java 片段)

当客户端请求访问 JSP 页面时(假设 index.jsp)，服务器端会将 index.jsp 翻译成 index_jsp.java 文件，对这个 java 文件进行编译，产生一个 index_jsp.class 文件，将 class 文件加载运行。这个过程有点类似 Java 程序的解释执行过程。JSP 中的所有的 HTML 代码通过流进行输出，也就是说最终翻译成.class 的字节码文件，被 Java 虚拟机加载。执行的结果以流的方式写回浏览器，如图 3-1 所示。所以当我们在浏览器观察网页的源代码时，只能看到 HTML 代码。

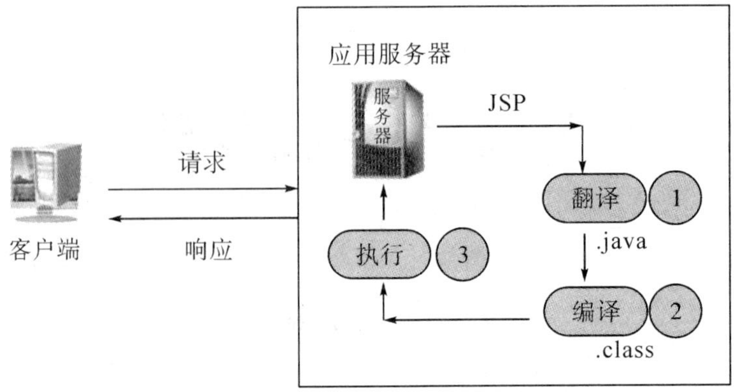

图 3-1　JSP 页面运行过程

3.1.2　JSP 发展历程

所谓的"JSP 和 HTML 相似"只是 JSP 给我们的表面印象。实际上，JSP 和 HTML 差远了。JSP 的本质是在服务器中运行的一个 Java 类(Servlet)，只不过它输出结果是 HTML。

Servlet 是什么？

- 一个 Java 类，运行在 Servlet 容器中(Tomcat)
- 负责接收请求
- 调用 Service 处理数据
- 负责响应数据

原本，我们需要把美工的 HTML 代码一行行复制到 Servlet 中，然后拼接数据，最后向客户端响应拼接好的 HTML 页面。后来我们嫌麻烦，发展出了 JSP，就可以不用一行行复制 HTML 代码了，而是在 JSP 中直接写 HTML 代码和 Java 代码，后期 JSP 编译成一个 Servlet，通过 Java 代码获取后台数据后拼接到 HTML 片段中，最终通过 out.println( ) 函数输出，如图 3-2 所示。

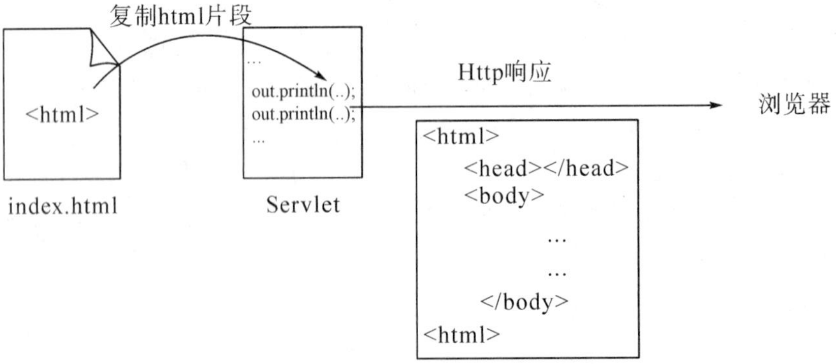

图 3-2　早期通过 out.println( ) 函数拼接页面

为了使 Java 程序员不用一行行复制 HTML 代码到 Servlet 里，Sun 公司干脆让 Java 程序员直接把 HTML 写在了 Servlet 里，这就是 JSP(如图 3-3 所示)。因此，JSP 就是一个 Servlet。今后无论你在 JSP 看到什么奇怪的代码，只要没报错，就说明 JSP 有足够自信把它变成 Java 代码的一部分。记住 JSP 的表现形式：要么字符串输出(HTML 片段)，要么本身就是 Java 片段，要么会转成 Java 片段。

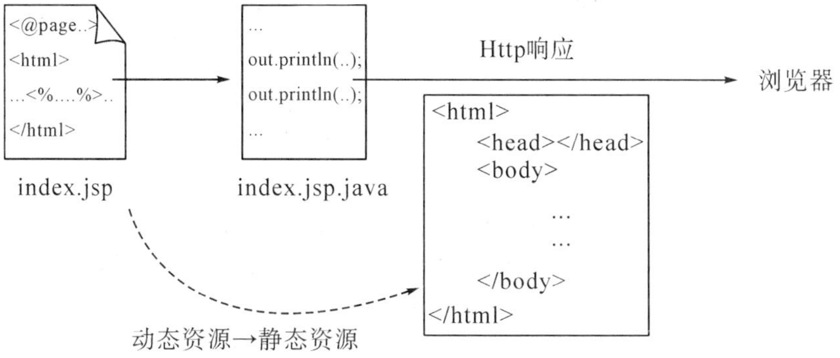

图 3-3 通过 JSP 方式拼接页面

3.1.3 Web 服务器

Web 服务器是指驻留于因特网上某种类型计算机的程序，是可以向发出请求的浏览器提供文档的程序。当 Web 浏览器(客户端)连到服务器上并请求文件时，服务器将处理该请求并将文件反馈到该浏览器上，附带的信息会告诉浏览器如何查看该文件(文件类型)。因而，服务器是一种被动程序，只有当浏览器发出请求时，服务器才会响应。

远程计算机访问 Web 资源，都必须有一个与之对应的网络通信程序，当用户来访问时，这个网络通信程序读取 Web 资源数据，并把数据发送给来访者。Web 服务器就是这样一个程序，它用于完成底层网络通信。有了 Web 服务器，Web 应用的开发者只需要关注 Web 资源怎么编写，而不需要关心资源如何发送到客户端手中，从而极大地减轻了开发者的开发工作量。

- Tomcat 服务器

Tomcat 是一个实现了 Java EE 标准的最小的 Web 服务器，是 Apache 软件基金会的一个核心项目，由 Apache、Sun 和其他一些公司及个人共同开发而成。因为 Tomcat 技术先进、性能稳定，而且开源免费，因而深受 Java 爱好者的喜爱并得到了部分软件开发商的认可，成为目前比较流行的 Web 应用服务器。学习 Java Web 开发一般都使用 Tomcat 服务器，该服务器支持全部 JSP 以及 Servlet 规范。

- Apache 服务器

Apache HTTP Server(简称 Apache)是 Apache 软件基金会的一个开放源代码的网页服务器软件，可以在大多数电脑操作系统中运行，由于其可跨平台且安全被广泛使用，是最流行的 Web 服务器软件之一。它快速可靠，并且可以通过简单 API 扩充，将 Python/Perl 等解析器编译到服务器中。

- IBM WebSphere 服务器

WebSphere Application Server 是一种功能完善、开放的 Web 应用程序服务器，是 IBM 公司电子商务计划的核心部分，它基于 Java 的应用环境，用于建立、部署和管理

Internet 和 Intranet Web 应用程序。这一整套产品被扩展，以适应 Web 应用程序服务器的需要，范围从简单到高级直到企业级。

- WebLogic 服务器

WebLogic 最早由 WebLogic 公司开发，后并入 BEA 公司，最终 BEA 公司又将其并入 Oracle 公司。WebLogic 是商业市场上主要的 Java(J2EE)应用服务器软件之一，是世界上第一个成功商业化的 J2EE 应用服务器，目前已推出到 12c(12.1.1)版。而此产品也延伸出 WebLogic Portal、WebLogic Integration 等企业用的中间件以及开发工具。

- IIS 服务器

Microsoft 的 Web 服务器产品为 Internet Information Services (IIS)，IIS 是允许在公共 Intranet 或 Internet 上发布信息的 Web 服务器。IIS 是目前最流行的 Web 服务器产品之一，很多著名的网站都是建立在 IIS 的平台上。IIS 提供了一个图形界面的管理工具，被称为 Internet 信息服务管理器，可用于监视配置和控制 Internet 服务。

3.2 JSP 程序概述

3.2.1 Hello World 程序

在开始学习 JSP 之前，我们先讲解 JSP 的 Hello World 程序，以便对 JSP 有直观的了解。我们将例 3.1 的源代码命名为“HelloWorld.jsp”，保存在 course/ch03 路径下。注意与 Java 类似，JSP 是严格区分大小写的。

例 3.1 Hello World 示例

```
<%@ page language="java" import="java.util.*" pageEncoding="UTF-8"%>
<html>
<head><title>欢迎学习 JSP</title></head>
<body>
    <%
        String s = "Hello World";
        out.println(s);
    %>
 </body>
 </html>
```

启动 Tomcat，输入 http:// localhost:8080/course/ch03/HelloWorld.jsp，得到的运行结果如图 3-4 所示。

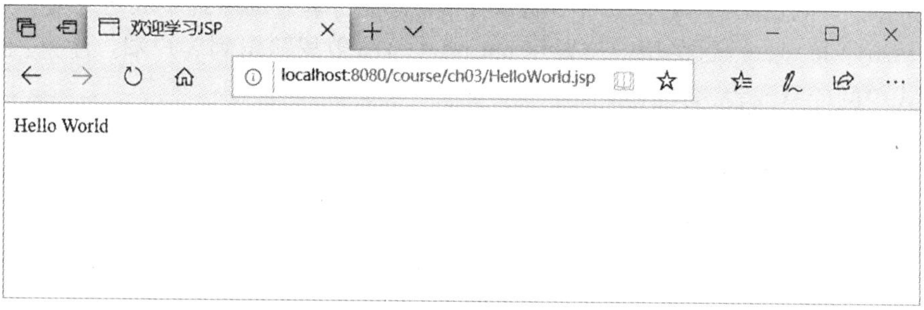

图 3-4 Hello World 示例程序运行结果

3.2.2 JSP 程序构成

以例 3.1 为例，我们来讲解 JSP 程序的构成。

- 指令部分

```
<%@ page language="java" import="java.util.*" pageEncoding="UTF-8"%>
```

<% %>是默认 JSP 语句的标签。

<%@ 代表着部分属于指令部分，page 指令我们将在后面介绍。其中 import="java.util.*"表示导入 Java 的类库；pageEncoding="UTF-8"表示文件的编码类型，也就是用什么编码格式编写 JSP 文件。一般我们都选择 UTF-8。

- 静态部分

JSP 的静态部分，即 HTML 代码部分。系统会自动将这些代码原样输出。

- 动态部分

```
    <%
        String s = "Hello World";
        out.println(s);
    %>
```

JSP 程序的动态部分由 Java 程序及其相关元素组成，这部分用<% %>标记出来嵌入 HTML 的网页文件。其中的 out 是 JSP 内置的一个输出对象，println 是用来输出字符串的方法，和 System.out 非常类似。

3.3 JSP 语法

3.3.1 脚本表达式

JSP 脚本表达式用于将程序数据输出到客户端。

语法：<%= 变量或表达式 %>

例：<%= new java.util.Date() %> //显示当前时间

<%=是一个完整的标记，中间不能有空格。JSP 引擎在翻译脚本表达式时，会将程序数据转成字符串，然后在相应位置用 out.print( )将数据输出到客户端。注意：JSP 脚本表达式中的变量或表达式后面不能有分号。

3.3.2　JSP 脚本片段

JSP 脚本片段用于在 JSP 页面中编写多行 Java 代码。

语法：<% 多行 Java 代码 %>

JSP 脚本片段只能出现 Java 代码，不能出现其他模板元素。JSP 引擎在翻译 JSP 页面中，会将 JSP 脚本片段中的 Java 代码原封不动地放到 Servlet 的_jspService 方法中。JSP 脚本片段中的 Java 代码必须严格遵循 Java 语法。

在一个 JSP 页面中可以有多个脚本片段，在两个或多个脚本片段之间可以嵌入文本、HTML 标记和其他 JSP 元素。不同脚本片段中的代码可以相互访问，犹如将所有的代码放到一个<% %>中一样。但是所有的脚本片段组合在一起必须是一个完整的 Java 代码。

我们以例 3.2 来说明如何在 JSP 中嵌入一段 Java 代码。我们将例 3.2 的源代码命名为“hello.jsp”，保存在 course/ch03 路径下。运行结果如图 3-5 所示。

例 3.2　hello 示例

```
<%@ page language="java" import="java.util.*" pageEncoding=" UTF-8"%>
<html>
<head><title>欢迎学习 JSP</title></head>
<body>
     你好！今天是

      <%--设置日期格式--%>
      <%
          java.text.SimpleDateFormat formater = new java.text.SimpleDateFormat(
   "yyyy/MM/dd");
          String strCurrentTime = formater.format(new java.util.Date());
       %>
      <!--显示时间-->
      <%= strCurrentTime %>
</body>
</html>
```

图 3-5 hello 示例程序运行结果

3.3.3 JSP 声明

JSP 声明可用于定义 JSP 页面转换成 Servlet 程序的静态代码块、成员变量和方法。多个静态代码块、变量和方法可以定义在一个 JSP 声明中，也可以分别单独定义在多个 JSP 声明中。

语法：<%! Java 代码 %>

3.3.4 JSP 注释

合理、详细的注释有利于代码后期的维护和阅读。在 JSP 文件的编写过程中，共有四种注释方法：

语法：<! -- HTML 注释--> // HTML 的注释方法

语法：<%-- JSP 注释--%> // JSP 注释标记

在 JSP 脚本中还可以使用单行或者多行注释：

语法：<% //单行注释 %>

语法：<% /* 多行注释 */ %>

在 JSP 中使用<! --注释内容-->时，注释内容会发送给浏览器，在查看网页源代码时注释对用户是可见的。使用<%----%>注释时，由于在服务器端解释执行，注释不会显示给用户。

3.3.5 综合实例

我们以一个综合实例来结束本章的学习。下面以例 3.3 来说明如何在 JSP 中嵌入一段 Java 代码。我们将例 3.3 的源代码命名为“example1.jsp”，保存在 course/ch03 路径下。运行结果如图 3-6 所示。这些代码我们似曾相识，它们就是 Java 的代码，因此 Java 是我们学习 JSP 的基础。

例 3.3 example1 示例

```
<%@ page language="java" import="java.util.*" pageEncoding="GBK"%>
<html>
<head><title>语法综合</title></head>
<body>
    <%
        String info = "www.ctbu.edu.cn";      // 多行 Java 代码，定义局部变量
       int temp = 30;                         // 多行 Java 代码，定义局部变量
    %>

    <%-- 使用表达式输出变量 --%>
    <h1>info =<%=info%></h1>                  // JSP 脚本表达式
     <h3>temp =<%=temp%></h3>
     <h3>name =<%="JACK"%></h3>

     <%-- 使用表达式输出常量 --%>
     <%  out.println(30 * 20);  %>

     <%! public static final String INFO = "www.sina.com.cn";%>  //声明
     <%-- 定义方法 --%>
     <%! public int add(int x, int y) {
         return x + y;  }
     %>

     <%-- 定义 Person 类 --%>
     <%! class Person {
        private String name;                  // 定义 name 属性
         private int age;                     // 定义 age 属性

         public Person(String name, int age) {  // 构造方法设置属性内容
             this.name = name;                      // 为 name 属性赋值
              this.age = age; }                     // 为 age 属性赋值

         public String toString() {                 // 覆写 toString()方法
              return "name = " + this.name + ";age = " + this.age; }
       }%>
      <%
           // 编写普通的 Scriptlet
           out.println("<h3>INFO = " + INFO + "</h3>"); // 输出全局常量
           out.println("<h3>3 + 5 = " + add(3, 5) + "</h3>"); // 调用方法
           out.println("<h3>" + new Person("zhangsan", 30) + "</h3>");// 生成对象
      %>
</body>
</html>
```

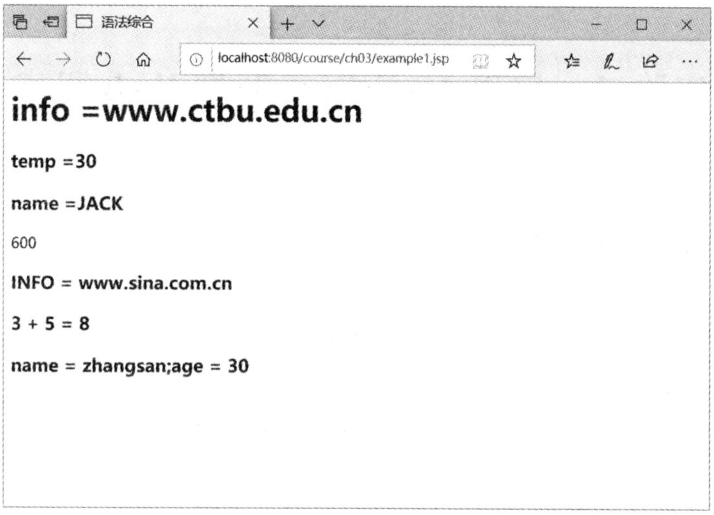

图 3-6 example1 示例程序运行结果

3.4 本章小结

本章首先介绍了 JSP 的发展历程,比较了 Java Servlet 与 JSP 的区别。随后本章以 Hello World 为例,讲解了 JSP 程序的组成。JSP 程序由静态与动态两部分组成,静态部分由 HTML 代码组成,动态部分则由 JSP 程序片组成。然后,本章介绍了基本的 JSP 语法,包括 JSP 脚本、声明、注释等。

实验二　使用 MyEclipse 开发 Web 程序

一、实验主要目的、要求和类型

1. 实验主要目的

(1) 熟练掌握 MyEclipse 软件的操作环境和操作步骤;

(2) 掌握 MyEclipse 的简单配置方法;

(3) 初步掌握使用 MyEclipse 开发简单 JSP 程序的操作步骤。

2. 实验要求

(1) 创建 MyEclipse 8.5 工程;

(2) 在 MyEclipse 8.5 中创建 JSP;

(3) 运用 MyEclipse 8.5 调试程序。

3. 实验类型

验证。

二、实验使用的软件

JDK、MyEclipse、MySQL 安装包等软件，参照第三章的方法、步骤完成本次实验。

三、实验基本步骤

1. 创建 MyEclipse 工程

点击“MyEclipse”，选择 Workspace 路径后，点击“OK”，如图 3-7 所示。

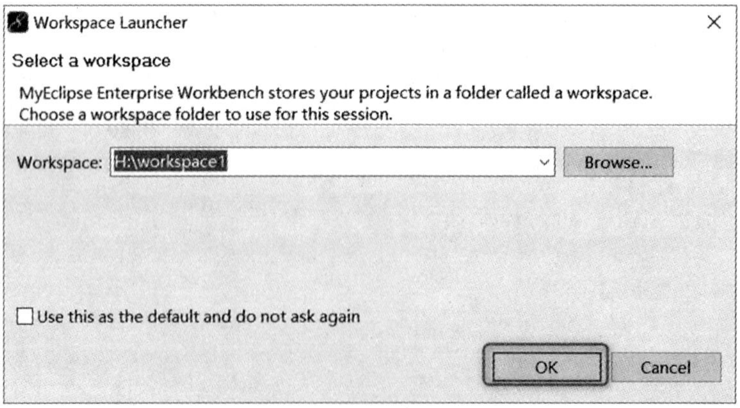

图 3-7　设置工作路径

进入 MyEclipse 主界面，出现如图 3-8 所示界面。

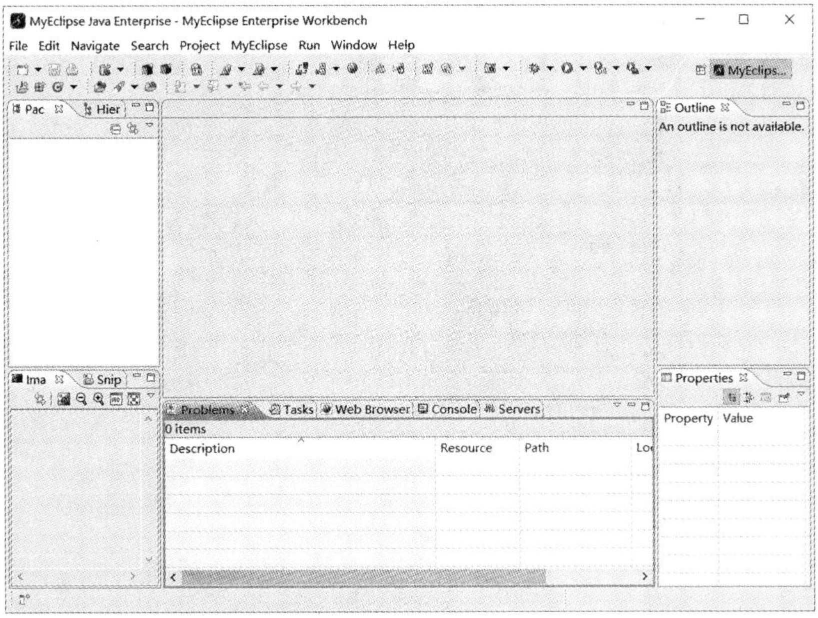

图 3-8 主界面

新建一个名称为“myfirstweb”的 Web 工程。点击级联菜单 File>New>Web Project，出现如图 3-9 所示的界面。

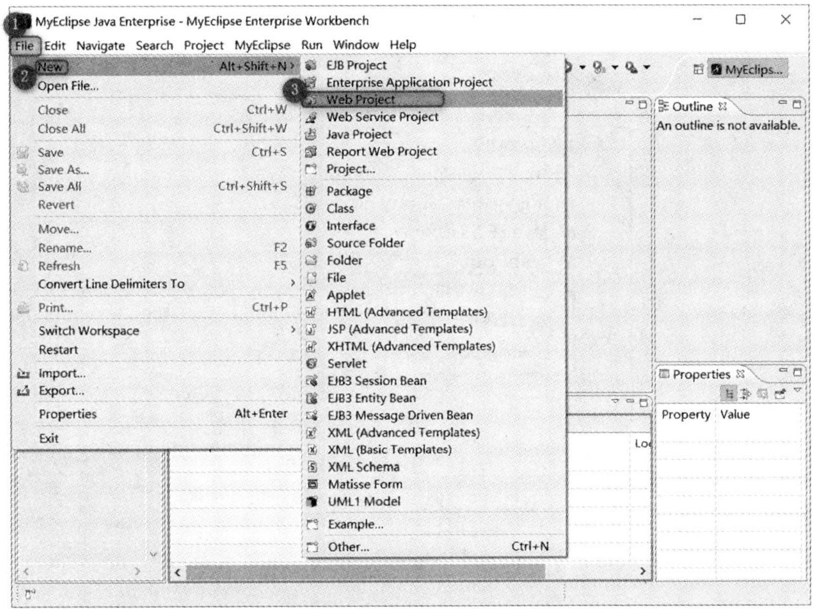

图 3-9 选择 Web 工程子菜单

在 Project Name 文本框中输入工程名：myfirstweb，再设置工程的保存路径，本工程的物理路径为 H:\workspace1\myfirstweb。点击“Finish”，如图 3-10 所示。

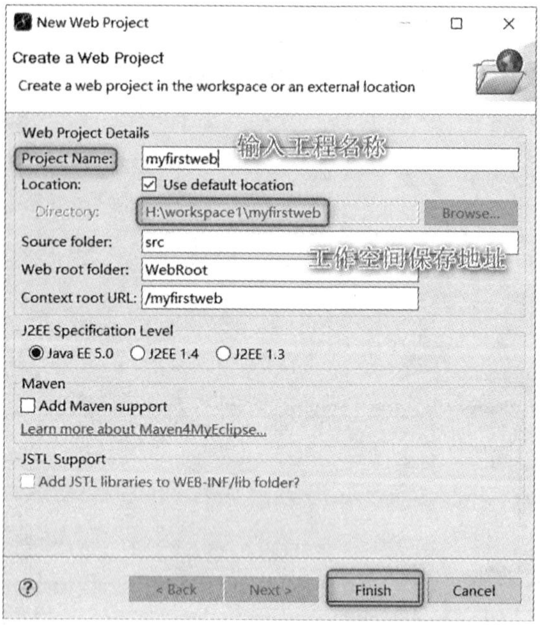

图 3-10　设置项目名称、保存路径等属性

工程文件结构如下，WebRoot 目录下的 META-INF 和 WEB-INF 目录存放一些配置文件，必要时会修改它们。工作空间创建的时候系统默认建立一个 index.jsp 文件，如图 3-11 所示。

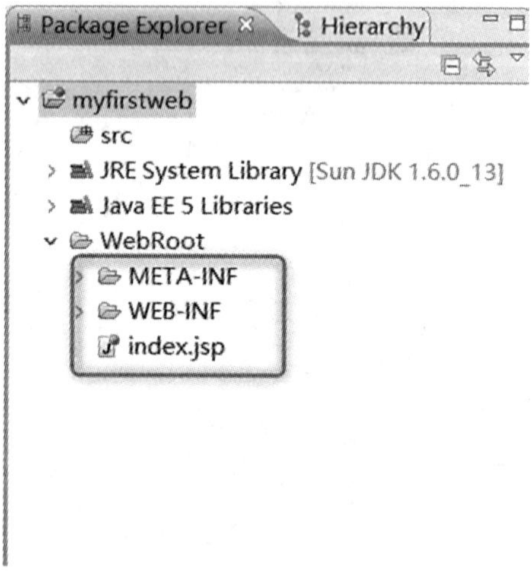

图 3-11　新建工程的文件结构

2. 部署应用

首先要将工程部署到 MyEclipse 的 Tomcat 上。MyEclipse 环境有自带的 Tomcat 环境，可以免除我们安装配置 Tomcat。右键单击工程“myfirstweb”，在弹出的快捷菜单中选择“MyEclipse”，再在下级菜单中选择“Add and Remove Project Deployments”，如图 3-12 所示。

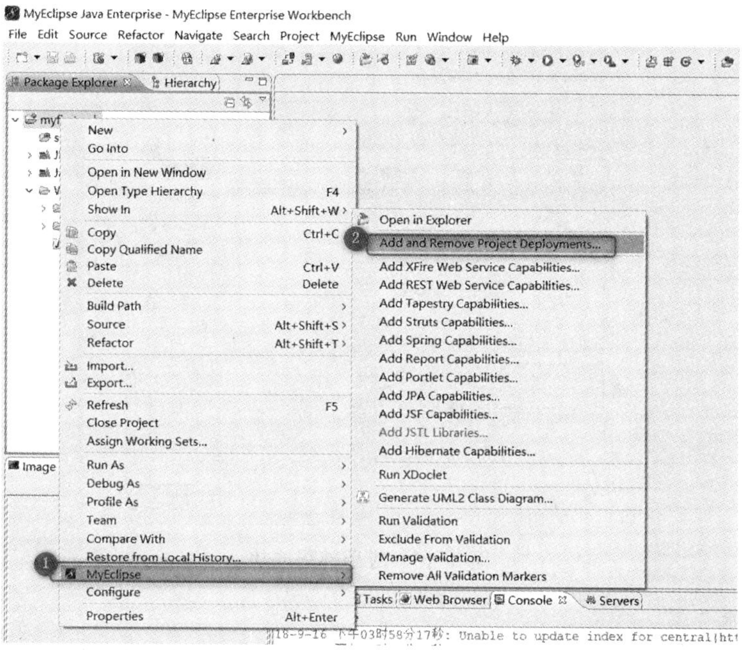

图 3-12　调出部署应用菜单

点击“Add and Remove Project Deployments”之后，点击“Add”，显示界面如图 3-13 所示。

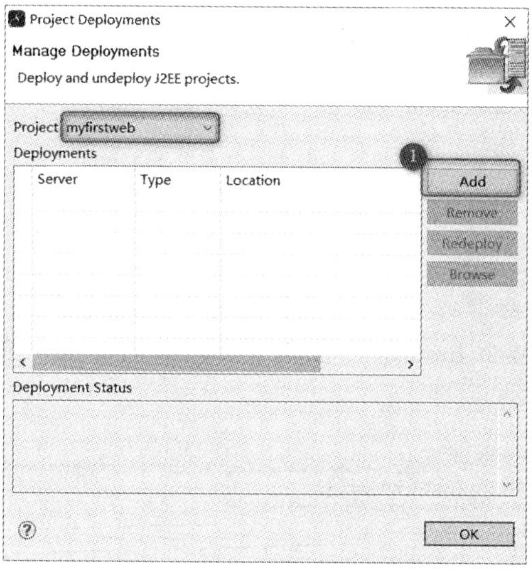

图 3-13　添加将要发布的应用

在弹出的对话框中的 Server 的下拉列表中选择“MyEclipse Tomcat”，点击“Finish”按钮。接着在弹出的 Project Deployments 对话框中，Deployment Status 显示“Successfully deployed”，表示发部署成功。点击“OK”，结束部署，如图 3-14 所示。

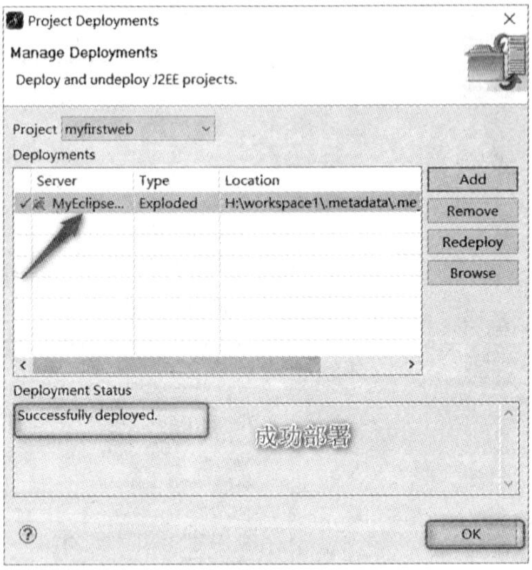

图 3-14　应用部署成功

3. 启动服务器

打开 MyEclipse 的 Window 菜单，选择 Show View 子菜单，选择“Server”。在 Server 对话框中，右键单击“MyEclipse Tomcat”，在随后弹出的快捷菜单中点击“Run Server”，启动服务器，如图 3-15 所示。

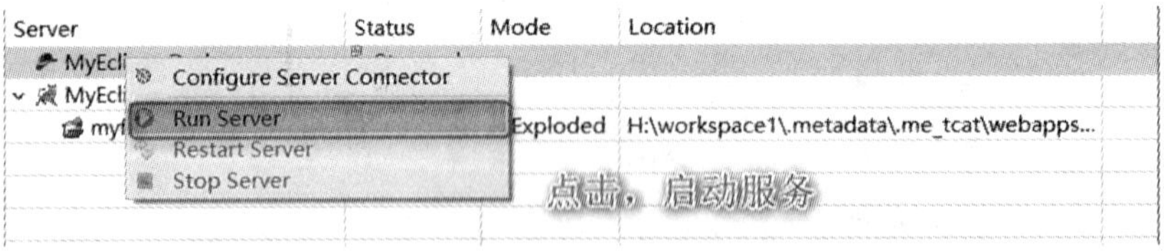

图 3-15　启动服务器

4. 运行 index.jsp

单击菜单栏上的图标 ，在地址栏中输入 http://localhost:8080/myfirstweb/index.jsp，就会在 MyEclipse Web Browser 中显示 index.jsp 的页面。图 3-16 为 index 页运行结果。

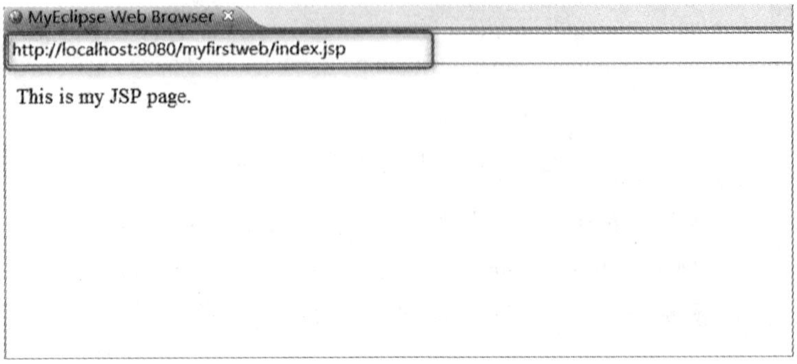

图 3-16　index.jsp 运行结果

5. 创建 JSP 程序

在以上新建的项目 myfirstweb 上，右键点击“WebRoot”，在弹出的快捷菜单中选择“New”，再点击“JSP(Advanced Templates)”可以新建 JSP 页面，如图 3-17 所示。

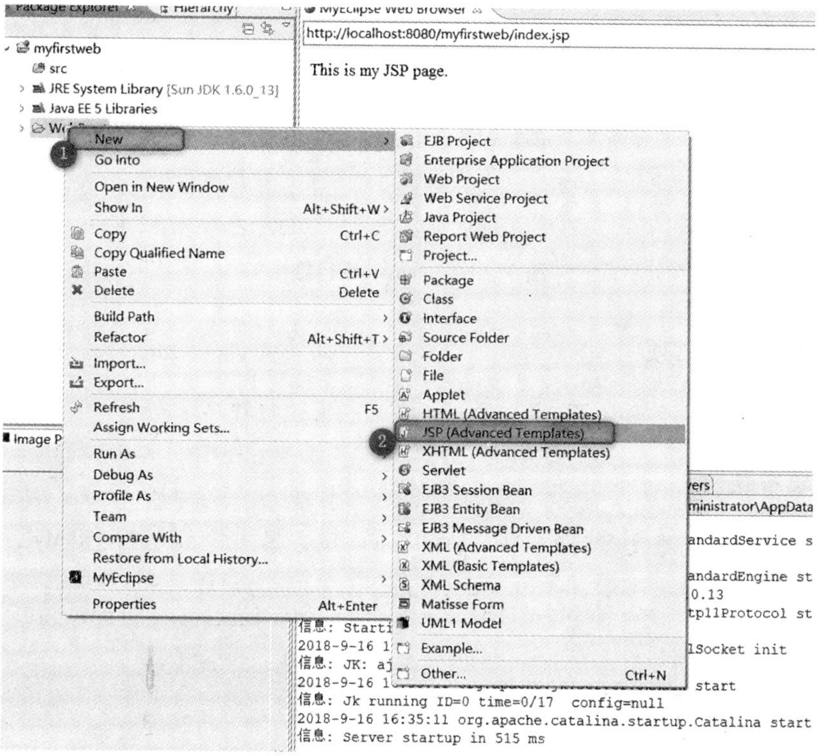

图 3-17 新建 JSP 程序

输入文件名称：hello.jsp，点击“Finish”，如图 3-18 所示。注意 JSP 是区分大小写的。

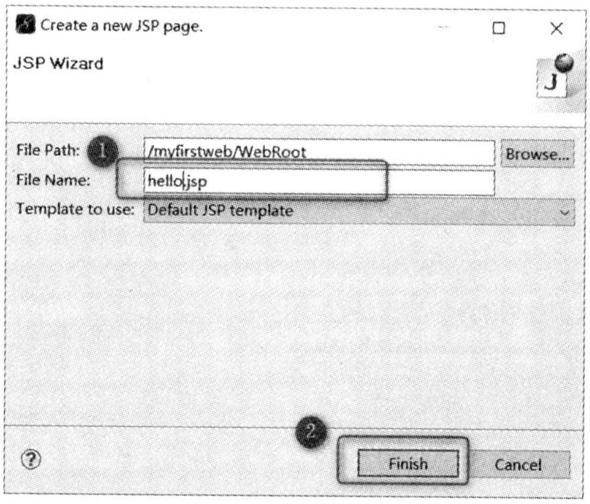

图 3-18 输入新建文件名字

编辑 hello.jsp 文件，使其产生如下输出，如图 3-19 所示，点击“保存”。在 MyEclipse Web Browser 中的地址栏中输入 http://localhost:8080/myfirstweb/hello.jsp。

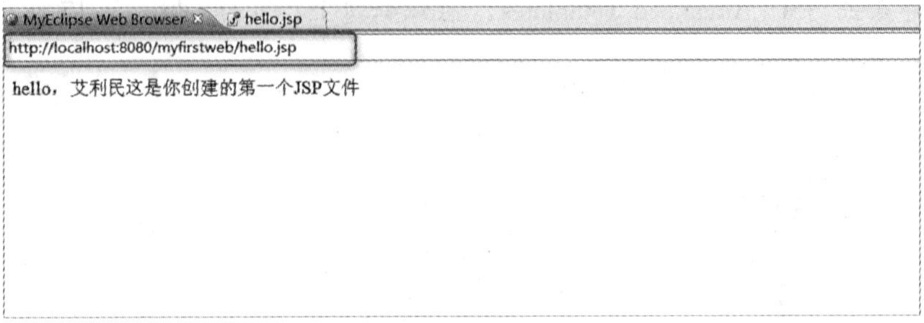

图 3-19　hello.jsp 运行结果

四、实验中的注意事项

按照实验的操作步骤，先部署，启动服务器，再运行程序。

五、实验思考题

如果要将应用程序发布到外部安装的 Tomcat 服务器，应该如何设置 MyEclipse?

4 JSP 指令和动作

4.1 JSP 指令

4.1.1 JSP 指令概述

JSP 指令是为 JSP 引擎而设计的，它们并不直接产生任何可见输出，而只是告诉引擎如何处理 JSP 页面中其余的部分。

语法：<%@ 指令 属性="值" %>

例：<%@ page contentType="text/html;charset=UTF-8" %>

例：<%@ page import="java.util. * " %>

如果一个指令有多个属性，那么这多个属性可以写在一个指令中，中间用空格隔开。即上面两条指令等价表示如下：

```
<%@ page contentType="text/html;charset=UTF-8" import="java.util.*" %>
```

4.1.2 page 指令

page 指令用于定义 JSP 页面的各种属性，无论 page 指令出现在 JSP 页面中的什么地方，它的作用域是整个 JSP 页面。为了保持程序的可读性，page 指令最好放在整个 JSP 页面的起始位置。

语法：

<%@ page 属性 1="属性值 1,属性值 2,…,属性值 x1" 属性 2="属性值 1,属性值 2,…,属性值 x2"… 属性 m="属性值 1,属性值 2,…,属性值 xm"%>

page 指令有多个属性，常用的属性如表 4-1 所示。

表 4-1 page 指令常用属性

指令属性	描述
autoFlush	可以设置 true 或 false。如果设置为 true，当缓冲区满时，到客户端的输出被刷新；如果设置为 false，当缓冲区满时，将出现异常，表示缓冲区溢出。默认为 true，例：autoFlash="true"

表4-1(续)

指令属性	描述
buffer	指定到客户端输出流的缓冲模式。如果为 none 则表示不设置缓冲区；如果指定数值，那么输出的时候就必须使用不小于这个值的缓冲区进行缓冲。此属性要和 autoFlush 一起使用。默认不小于 8k，可以根据不同的服务器设置
contentType	定义 JSP 字符的编码和页面响应的 MIME 类型，如果是中文的话则使用如下形式：contentType="text/html;charset=UTF-8"
errorPage	定义此页面出错时要跳转的显示页，例：errorPage="error.jsp"，要与 isErrorPage 属性一起使用
extends	主要定义此 JSP 页面产生的 Servlet 是从哪个父类扩展而来，例：extends="父类名称"
import	JSP 页面要导入哪些操作包，例：import="java.util.*"
info	此 JSP 页面的信息，例：info="text info"
isErrorPage	可以设置 true 或 false，表示此页面是否为出错的处理页，如果设置成 true，则 errorPage 指定的页面出错时才能跳转到此页面进行错误处理；如果设置成 false，则无法处理
isThreadSafe	可以设置 true 或 false，表示此页面是否是线程安全的，如果为 true，表示一个 JSP 页面可以处理多个用户的请求；如果为 false，则此 JSP 一次只能处理一个用户请求
language	用来定义要使用的脚本语言，例：language="java"
pageEncoding	JSP 页面的字符编码，默认值为 pageEncoding="iso-8859-1"，如果是中文则可以设置为：pageEncoding="GBK"
session	可以设置 true 或 false，指定所在页面是否参与 HTTP 会话。默认值为 true，例：session="true"

下面我们以几个例子来学习 page 的常用属性。

例 4.1　contentType 示例

属性 contentType 不仅仅可以指定以 text/html 的方式显示，还可以使用其他形式显示出来。比如：以 Word 文档形式显示 JSP 的数据，例 4.1 中我们将前面例 3.1 的第一行改成：

```
<%@ page contentType="application/msword;charset=UTF-8" language="java"%>
```

执行效果如图 4-1 所示。浏览器会弹出一个选择框，我们选择“打开”，网页内容将以 Word 文档的形式显示出来。

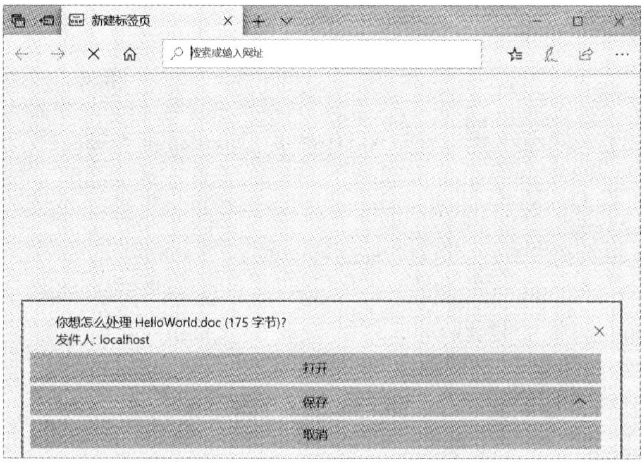

图 4-1　例 4.1 示例程序运行结果

例 4.2　网页跳转示例

我们上网的时候，如果服务器出错了，页面都是会出现友好提示的，如图 4-2 所示。

图 4-2　网页出错 404 页面

我们能通过 page 指令来实现跳转到友好提示页面上。这需要用到 page 指令的 errorPage 和 isErrorPage 这两个属性，下面我们来看一下怎么使用。

要想完成错误页的操作，则一定要满足以下的两个条件，如图 4-3 所示：

(1) 在第一个页面 show.jsp 指定错误出现时的跳转页通过 errorPage 属性指定；

(2) 错误处理页 error.jsp 必须有明确的标识，通过 isErrorPage 属性指定。

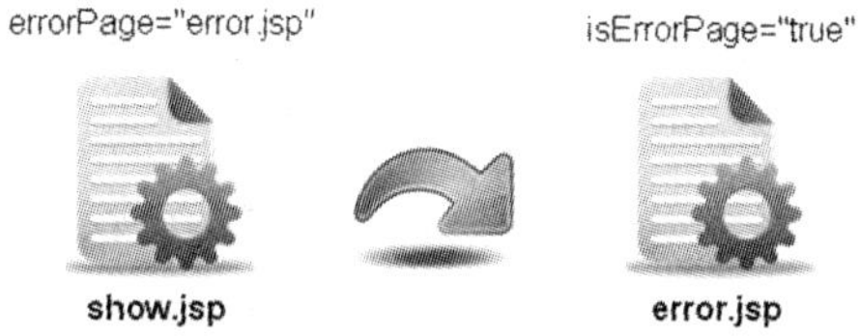

图 4-3　网页跳转示意图

运行 show.jsp，运行结果如图 4-4 所示。

show.jsp

```
<%@ page contentType="text/html;charset=UTF-8" language="java" errorPage="er
ror.jsp" %>
<html>
<head><title>该页面出错了！</title></head>
<body>
    <%--模拟页面出错了！！！--%>
    <%
        int result = 2 / 0;
    %>
    <h1>欢迎光临本页面</h1>
</body>
</html>
```

error.jsp

```
<%@ page language="java" contentType="text/html" pageEncoding="GBK"%>
<%@ page isErrorPage="true"%>
<html>
<head><title>友好页面显示</title></head>
<body>
    <%-- 表示此页面可以处理错误 --%>
    程序出现了错误！您输入了 0 做除数
</body>
</html>
```

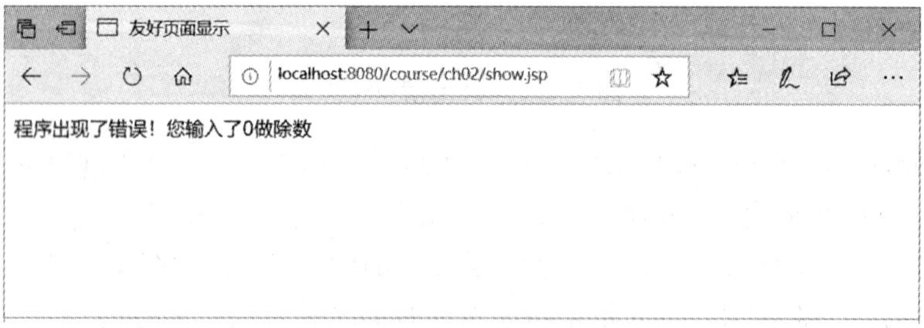

图 4-4　网页跳转程序运行结果

我们可以发现地址栏是没有变化的，这属于服务器跳转。以上的做法是单个设置的，如果出现很多错误(JSP 多的情况下，错误就会多)，这样单个设置太麻烦了。我们可以在 web.xml 文件中全局设置错误页，只要发生了 404 错误或者空指针异常的错误都会跳转到 error.jsp 页面上，具体示例如下：

```
<error-page>
    <error-code>404</error-code>
    <location>/error.jsp</location>
</error-page>

<error-page>
    <exception-type>java.lang.NullPointerException</exception-type>
    <location>/error.jsp</location>
</error-page>
```

4.1.3 include 指令

JSP 可以通过 include 指令来包含其他文件。由于使用 include 指令将会涉及至少 2 个 JSP 页面,被包含的文件可以是 JSP 文件、HTML 文件或文本文件。包含的文件就好像是该 JSP 文件的一部分,会被同时编译执行。

include 指令的语法格式如下:

<%@ include file="文件名" %>

include 指令中的文件名实际上是一个相对的 URL。如果程序没有给文件关联一个路径,JSP 编译器默认在当前路径下寻找。这里要强调一点,这种包含方式为静态包含。所以 file 后面不能是变量,也不能在后面接任何参数。

例 4.3 网页静态包含示例

我们新建两个 JSP 文件。第一个文件命名为"include1.jsp",它的功能就是显示出"Hello World! from include1.jsp"。这里只列出关键代码。

include1.jsp

```
<body>
    <h1>Hello World! from include1.jsp</h1>
</body>
```

第二个文件命名为"include2.jsp",我们在第 9 行使用 include 命令将 include1.jsp 文件包含进来。运行 include2.jsp(运行结果如图 4-5 所示),我们可以看到"Hello World! from include1.jsp"包含在页面的后面。

include2.jsp

```
<%@ page language="java" import="java.util.*" pageEncoding="UTF-8"%>

<!DOCTYPE HTML PUBLIC "-//W3C//DTD HTML 4.01 Transitional//EN">
<html>
<head><title>Include 指令实例</title></head>
<body>
    <center>
        现在时刻：<%=new Date()%><hr/>
         <%@include file="include1.jsp"%>
    </center>
</body>
</html>
```

图 4-5　include2.jsp 运行结果

4.2　JSP 动作

4.2.1　JSP 动作概述

JSP 动作用于在 JSP 页面中提供业务逻辑功能，避免在 JSP 页面中直接编写 Java 代码而造成 JSP 页面难以维护。

动作与指令不同，编译指令时通知 Servlet 引擎的处理消息，而动作只是运行时的脚本动作。指令在将 JSP 编译成 Servlet 时起作用，而动作通常可替换成 JSP 脚本，它是 JSP 脚本的标准化写法。常见的 JSP 动作包括以下 7 种，我们介绍其中的两种。

（1）JSP：include 用于动态引入一个 JSP 页面。

（2）JSP：forward 执行页面转向，将请求的处理转发到下一个页面。

（3）JSP：param 用于传递参数，必须与其他支持参数的标签一起使用。

（4）JSP：plugin 用于下载 JavaBean 或者 Applet 到客户端执行。

(5) JSP：useBean 创建一个 Javabean 实例。

(6) JSP：setProperty 设置 JavaBean 实例的属性值。

(7) JSP：getProperty 获取 JavaBean 实例的属性值。

4.2.2 include 动作

<jsp:include>动作元素用来包含静态和动态的文件。该动作把指定文件插入正在生成的页面。前面介绍过 include 指令是一种静态包含，是在 JSP 文件被转换成 Servlet 时候的引入文件。与前面不同的是，<jsp:include>是动态包含，插入文件的时间是在页面被请求的时候。它有两种格式，一种是不传递参数的，一种是传递参数的。

语法：

- 不传递参数

<jsp:include page="{文件路径|<%=表达式%>}" flush="true|false" />

- 传递参数

<jsp:include page="{文件路径|<%=表达式%>}" flush="true|false">

<jsp:param name="参数 1" value="参数值"/>

… 可以向被包含页面中传递多个参数

<jsp:param name="参数 n" value="参数值"/>

</jsp:include>

属性介绍：

flush：布尔属性，定义在包含资源前是否刷新缓存区。

例 4.4 无参数 include 动作

example401.jsp

```
<%@ page contentType="text/html" pageEncoding="uft-8"%>
<html>
<head><title>无参数 include 动作</title></head>
<body>
    <h1>动态包含操作</h1>
    <jsp:include page="info.htm"/>
    <jsp:include page="info.jsp"/>
</body>
</html>
```

在例 4.4 中，example401.jsp 动态包含了 info.htm 和 info.jsp 两个页面，它们之间没有传递参数。接下来，我们再来看传递参数的情形。

例 4.5　有参数的 include 动作

d_include1.jsp

```
<%@ page contentType="text/html" pageEncoding="uft-8"%>
<html>
<head><title>有参数 include 动作</title></head>
<body>
    <h1>参数一：<%=request.getParameter("name")%></h1>
    <h1>参数二：<%=request.getParameter("info")%></h1>
</body>
</html>
```

d_include2.jsp

```
<%@ page language="java" import="java.util.*" pageEncoding="UTF-8"%>
<head><title>有参数 d_include2.jsp</title></head>
<body>
    <%
    String username = "JSP" ;          // 定义一个变量
    %>
    <h1>动态包含并传递参数</h1>
     <hr/>
    <jsp:include page="d_include1.jsp">
        <jsp:param name="name" value="<%=username%>"/>
        <jsp:param name="info" value="Web Project"/>
    </jsp:include>
</body>
</html>
```

在例 4.4 中，d_include2.jsp 动态包含了 d_include1.jsp，并且通过 d_include2.jsp 向 d_include1.jsp 传递了两个参数 name 和 info。d_include1.jsp 在接收到参数的值后，生成新的页面。运行结果如图 4-6 所示，图中分割线以下是由 d_include1.jsp 文件输出的。关于 request 内置对象，我们将在下一章讲解。

图 4-6　d_include2.jsp 运行结果

综合以上两个例子，下面我们来比较一下 include 动作和指令的区别，表 4-2 对两者做了一个简要对比。

表 4-2 include 动作和指令的简明对比

	include指令	jsp:include动作
语法格式	<%@ include file= ".." %>	<jsp:include page= ".." >
发生作用的时间	页面转换期间	请求期间
包含的内容	文件的实际内容	页面的输出
转换成的Servlet	主页面和包含页面转换为一个Servlet	主页面和包含页面转换为独立的Servlet
编译时间	较慢——资源必须被解析	较快
执行时间	稍快	较慢——每次资源必须被解析

<jsp:include>标签是在当前 JSP 页面的执行期间插入被引入资源的输出内容。当前 JSP 页面与被动态引入的资源是两个彼此独立的执行实体，被动态引入的资源必须是一个能独立被 Web 容器调用和执行的资源。include 指令只能引入遵循 JSP 格式的文件，被引入文件与当前的 JSP 文件共同被翻译成一个 Servlet 的源文件。

使用<jsp:include>标签和 include 指令都可以把一个页面的内容分成多个组件来生成，开发者不必再把页眉和页脚部分的相同 HTML 代码复制到每个 JSP 文件中，从而可以更轻松地完成维护工作，但是都应注意最终的输出结果应遵循 HTML 的语法结构。

<jsp:include>标签对 JSP 引擎翻译 JSP 页面的过程不起作用，它是在 JSP 页面的执行期间才被调用，因此不会影响两个页面的编译。因为 include 指令是在 JSP 引擎翻译 JSP 页面的过程中被解释处理的，所以它对 JSP 引擎翻译 JSP 页面的过程起作用，如果多个 JSP 页面中都要用到一些相同的声明，那么就可以把这些声明语句放在一个单独的文件中编写，然后在每个 JSP 页面中使用 include 指令将那个文件包含进来。

4.2.3 forward 动作

<jsp:forward>动作将一个用户的请求(request)，从一个页面传递到另外一个页面，从而形成页面的跳转。<jsp:forward >动作也有两种格式，一种是不传递参数的，一种是传递参数的。

语法：

- 不传递参数

```
<jsp:forward page="{文件路径|<%=表达式%>}" flush="true|false" />
```

- 传递参数

```
<jsp:forward page="{文件路径|<%=表达式%>}" flush="true|false">
    <jsp:param name="参数 1" value="参数值"/>
     ... 可以向被包含页面中传递多个参数
    <jsp:param name="参数 n" value="参数值"/>
</jsp:forward>
```

例 4.6　有参数的 forward 动作

对比例 4.5，在例 4.6 中，我们修改第一个文件的<title>以便更好地观察页面变化；修改第二个文件，将 include 都改为 forward。代码如下：

d_forward1.jsp

```
<%@ page contentType="text/html" pageEncoding="uft-8"%>
<html>
<head><title>有参数 forward 动作</title></head>
<body>
     <h1>参数一：<%=request.getParameter("name")%></h1>
     <h1>参数二：<%=request.getParameter("info")%></h1>
</body>
</html>
```

d_forward2.jsp

```
<%@ page language="java" import="java.util.*" pageEncoding="UTF-8"%>
<head><title>有参数 d_include2.jsp</title></head>
<body>
    <%
    String username = "JSP" ;         // 定义一个变量
    %>
    <h1>动态包含并传递参数</h1>
     <hr/>
    <jsp:forward page="d_include1.jsp">
        <jsp:param name="name" value="<%=username%>"/>
        <jsp:param name="info" value="Web Project"/>
    </jsp:forward>
</body>
</html>
```

运行 d_forward2.jsp，执行结果如图 4-7 所示。我们可以看到，<h1>动态包含并传递参数</h1>并没有显示出来，网页直接跳转到了 d_forward1.jsp 页面。但是观察浏览器的地址栏，我们发现地址栏并没有跳转成 d_forward1.jsp。这里还有两点要注意：

（1）<jsp:forward>只能内部跳转，即只能跳到当前项目的其他 JSP 中。

（2）<jsp:forward>放置位置需慎重考虑，因为该 JSP 后面的程序都不会被执行。

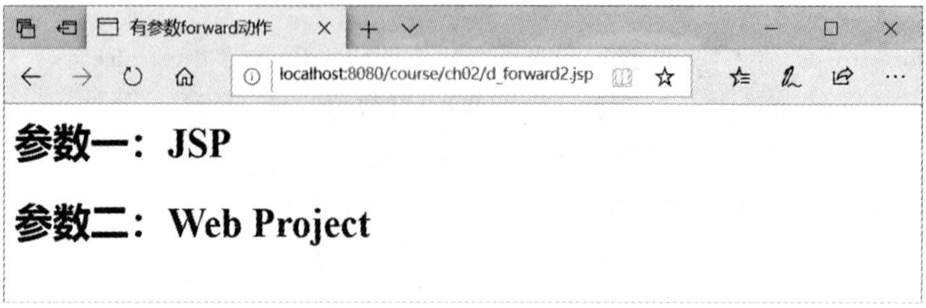

图 4-7　例 4.6 运行结果

4.3 本章小结

本章系统讲解了 JSP 的指令和动作。其中，我们以 page 和 include 为例，讲解了指令的一般格式。page 指令是设置整个页面的静态属性，我们列举几种常见的属性。include 既有指令又有动作，一个是静态包含，一个是动态包含。最后，我们讲解了 forward 动作。

实验三　编写 JSP 脚本

一、实验主要目的、要求和类型

1.实验主要目的

(1) 通过实验，理解 Java、JSP 和 Web 的关系，了解 JSP 中的各种构成元素，深刻理解 JSP 的运行过程以及生命周期，能熟练掌握 MyEclispe 集成开发环境；

(2) 理解 JSP 的脚本代码。

2. 实验要求

(1) 理解 JSP 的运行过程；

(2) 了解 JSP 的页面构成元素；

(3) 掌握 JSP 的基本语法，包括脚本元素、指令元素、动作元素；

(4) 能编写简单的 JSP 程序，并通过 MyEclispe 调试及运行。

3. 实验类型

开发。

二、实验使用的软件

JDK、MyEclipse、MySQL 安装包等软件，参照第四章方法、步骤完成本次实验。

三、实验基本步骤

编写 JSP 脚本程序，实现如图 4-8 所示的乘法口诀表。

1	2	3	4	5	6	7	8	9
2	4	6	8	10	12	14	16	18
3	6	9	12	15	18	21	24	27
4	8	12	16	20	24	28	32	36
5	10	15	20	25	30	35	40	45
6	12	18	24	30	36	42	48	54
7	14	21	28	35	42	49	56	63
8	16	24	32	40	48	56	64	72
9	18	27	36	45	54	63	72	81

图 4-8　九九乘法表

四、实验中的注意事项

熟悉 Java 中循环语句的语法，深入理解 JSP 的脚本小程序。

五、实验思考题

观察比较两种 JSP 代码生成的 HTML 页面源代码，想想为什么有这些异同。

代码 1

```
<body>
 <table border="1">
  <%
    int rows=10;
    int cols=10;
   for( int x=0;x<rows;x++)
    {
      out.print("<tr>");
      for(int y=0;y<cols;y++)
       {
         out.print("<td width=20>");
         out.print(x*y);
         out.print("</td>");
       }
      out.print("</tr>");
    }
  %>
 </table>
</body>
```

代码 2

```
<body>
<table border="1">
<%
int rows=10;
int cols=10;
for( int x=0;x<rows;x++)
{
%>
<tr>
          <%
          for(int y=0;y<cols;y++)
          {
          %>
<td width=20>
          <%=x*y %>
</td>
          <%      }          %>
</tr>
<% }  %>
</table>
</body>
```

5 JSP 常用对象

5.1 JSP 内置对象概述

为简化页面的开发过程，JSP 提供了一些内置对象，它们由容器实现和管理。JSP 的内置对象是指在 JSP 页面系统中已经默认内置的 Java 对象，这些对象不需要开发人员显示声明即可使用，也不需要由 JSP 应用程序的编写者进行实例化。在 JSP 页面中，可以通过存取 JSP 内置对象实现与 JSP 页面和 Servlet 环境的相互访问。每个内部对象均有对应所属的 Servlet API 类型。

JSP 主要有 out、request、response、session、application 等内置对象。这些对象在客户端和服务器端交互的过程中分别完成不同的功能。本章我们将介绍 5 种常用的内置对象。按照功能划分，request 对象、response 对象、out 对象属于输出输入对象，session 对象和 application 对象属于通信控制对象。

（1）request 对象。request 对象是 javax.servlet.http.HttpServletRequest 类的实例，代表请求对象，主要用于接受客户端通过 HTTP 协议连接传输到服务器端的数据。比如表单中的数据、网页地址后带的参数等。

（2）response 对象。response 对象是 javax.servlet.http.HttpServletResponse 类的实例，代表响应对象，主要用于向客户端发送数据。

（3）out 对象。out 对象是 javax.servlet.jsp.jspWriter 类的实例，主要用于向客户端浏览器输出数据。

（4）session 对象。session 对象是 javax.servlet.http.HttpSession 类的实例，主要用来保持在服务器与一个客户端之间维持会话状态，比如在会话期间保持用户的登录信息等。

（5）application 对象。application 对象是 javax.servlet.ServletContext 类的实例，主要用于保存用户信息，代码片段的运行环境；它是一个共享的内置对象，即一个容器中的多个用户共享一个 application 对象，故其保存的信息可以被所有用户共享。

5.2 request 内置对象

5.2.1 request 对象概述

request 是处理请求信息的对象。用户和服务器之间通过 HTTP 协议进行交互。HTTP 协议又叫"请求与响应"协议。当用户通过在浏览器地址栏里输入网址来请求页面时，客户端就会向服务器发送一个请求。请求信息被封装在 request 对象里，通过 request 对象的响应方法来调取信息。

5.2.2 request 对象的属性和方法

request 对象的常用方法很多，表 5-1 列出了获取客户端信息的常用方法以及功能。

表 5-1 request 对象获取客户端信息的常用方法及功能

方法或属性	功能
getProtocol( )	获取请求使用的通信协议
getServletPath( )	获取请求的 JSP 页面所在的目录
getContentLength( )	获取 HTTP 请求的长度
getmethod( )	获取表单提交信息的方式
getHeader(String s)	获取请求中头的一个值
getHeaderNames( )	获取头名字的一个枚举
getRemoteAddr( )	获取客户的 IP 地址
getRemoteHost( )	获取客户机的名称(如果获取不到就获取 IP 地址)
getServerName( )	获取服务器的名称
getServerPort( )	获取服务器的端口号
getParameterNames( )	获取表单提交的信息体部分中 name 参数值的一个枚举
getParameter(String name)	根据页面表单组件名称获取页面提交数据
getParameterValues(String name)	获取一个页面表单组件对应多个值时的用户的请求数据
setCharacterEncoding(String charset)	指定每个请求的编码，在调用 getParameter( )之前进行设定，可以解决中文乱码问题

5.2.3 request 对象的基本应用

例 5.1 获取 HTTP 协议版本等信息

我们先来看一个简单的 request 对象实例。这个例子的功能就是要获得 HTTP 协议的版本号、服务器等信息。代码如下，运行结果如图 5-1 所示。

```
<body>
    <h1>HTTP 协议版本号： <%=request.getProtocol()%></h1>
    <h1>请求方式： <%=request.getScheme()%></h1>
    <h1>通信端口： <%=request.getServerPort()%></h1>
    <h1>服务器名称： <%=request.getServerName()%></h1>
</body>
```

图 5-1　例 5.1 运行结果

例 5.2　表单交互

本实例实现的功能是，在页面 infoInput.jsp（运行效果如图 5-2 所示）填写信息，然后在另一个页面显示所填信息。比如我们在 infoInput.jsp 填写了用户名 JSP、密码 12345678，勾选了复选框，提交后在页面 infoReceive.jsp 显示我们的填写信息（效果如图 5-3 所示）。

实际上，网站注册、登录等操作以及在线调查等都是通过这种表单让用户填写，然后将数据显示出来让用户核对，最后再上传到服务器端。因此这个实例非常有用。完整代码如下。

infoInput.jsp

```
<%@ page language="java" import="java.util.*" pageEncoding="UTF-8"%>
<html>
<head><title>输入页面参数</title></head>
<body>
<form name="form1" method="post" action="ch03/infoReceive.jsp">
    <table border="0" align="center">
        <tr><td>用户名</td><td><input type="text" name="name"></td></tr>
        <tr><td>密码</td><td><input type="password" name="pwd"></td></tr>
        <tr><td>你从哪里知道本购物网站</td>
        <!-- 以下是复选按钮 -->
          <td><input type="checkbox" name="channel" value="报刊">报刊
              <input type="checkbox" name="channel" value="网络">网络
```

```
                <input type="checkbox" name="channel" value="朋友推荐">朋友推荐
                <input type="checkbox" name="channel" value="电视">电视
            </td>
        </tr>
        <!-- 以下是提交、取消按钮 -->
        <tr><td><input type="submit" value="提交"></td></tr>
    </table>
</form>
</body>
</html>
```

表单中<form> </form> 中，有四个控件，分别是文本框 name、密码框 pwd、复选框 channel 和一个提交按钮。我们采用 post 方法提交表单，该表单的动作为 action = " ch03/infoReceive.jsp" , 提交后页面跳转到 infoReceive.jsp 页面。

infoReceive.jsp

```
<%@ page language="java" import="java.util.*" pageEncoding="UTF-8"%>
<html>
<head><title>接收页面参数</title></head>
<body>
    <%
        //读取用户名和密码
        request.setCharacterEncoding("UTF-8");  //统一编码，解决中文乱码的问题
        String name = request.getParameter("name");
        String pwd = request.getParameter("pwd");
    %>

    <center>
    <font face="宋体" size=4 color=blue>
        您输入的信息为：<br>
        姓名：<%=name%> <br>
        密码：<%=pwd %> <br>
    </font>
    </center>

    <%
        //读取复选框选择项
        String[] channels = request.getParameterValues("channel");
        if (channels != null) {
            for (int i = 0; i < channels.length; i++) {
                out.println("<center>"+channels[i]+"</center>");
            }
        }
    %>
</body>
</html>
```

request.getParameter(String name)方法主要用于获取由表单传递过来的单个参数。程序的第8行用于获取文本框name的值，第9行用于获取密码框pwd的值。request.getParameterValues(String name)方法主要用于获取由表单传递过来的多个参数。第23~26行，用于获取复选框channel的值。

小贴士：解决表单获取中文乱码的问题

表单中有中文的时候，最容易出现页面提交后中文乱码的问题。解决的方法：在获取表单控件的值之前，通过request.setCharacterEncoding("UTF-8")进行统一编码。如：infoReceive.jsp代码中的第7行。

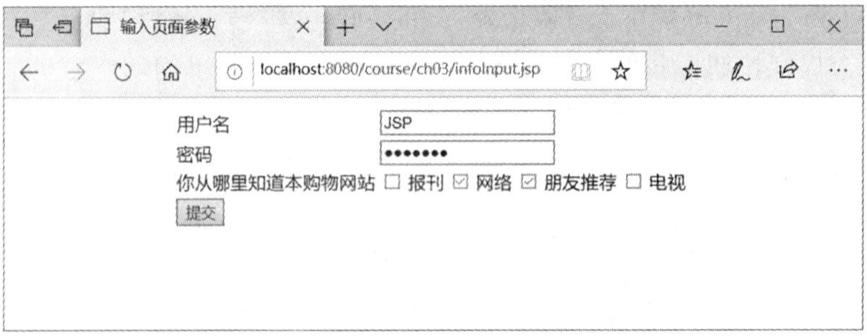

图5-2　例5.2用户表单

图5-3　例5.2运行结果

5.3　response内置对象

5.3.1　response对象的属性和方法

与request对象相对应的是response对象，response对象的主要作用是对客户端的请求进行回应，将Web服务器处理后的结果发回给客户端。response对象的常用方法很多，表5-2列出了其常用方法以及功能。

表 5-2 response 对象的常用方法及功能

方法或属性	功能
getCharacterEncoding( )	获得此时响应所采用的字符编码类型
sendError(int status)	使用指定错误状态码向客户机发送相应的错误信息
sendError(int status, String message)	使用自定义的错误状态码以及描述信息向客户机发送错误的提示信息
sendRedirect(String locationURL)	将请求重新定位到一个不同的 URL(页面) 上。此方法在实际开发过程中经常使用
setDateHeader(String head, long date)	把指定的头名称以及日期设置为响应头信息。其中日期是用 long 值表示的，其值为从新纪元开始算起的毫秒数
setHeader(String head, String value)	使用指定的头名字以及相应的值来设置头信息。如有重复，则覆盖
addHeader(String head, String value)	将指定的头名字以及相应值添加到头信息中
addIntHeader(String head, int value)	把指定的头名字整数值添加到头信息中。如有重复，则覆盖

5.3.2 设置响应的 HTTP 头

客户端在进行请求的时候会发送许多额外的信息，这些信息就是头信息。在对用户进行响应时，可以设置响应头以便控制响应。response 对象可以使用 addHeader(String head, String value)、setHeader(String head, String value)添加和设置头信息。

在所有的头信息的设置中，定时刷新页面的头信息使用得是最多的，直接使用 setHeader( )方法，将头信息名称设置为 refresh，同时指定刷新的时间。例 5.3 将实现使用户的浏览器 5 秒钟刷新一次的功能。

例 5.3 网页定时刷新

```
<%@ page contentType="text/html" pageEncoding="utf-8"%>
<html>
<head><title>定时刷新</title></head>
<body>
    <%!
        int count = 0 ;                          // 定义全局变量
    %>
    <%
        response.setHeader("refresh","5");       // 设置 5 秒刷新一次
    %>
    <h3>已经刷新了<%=count++%>次! </h3>
</body>
</html>
```

setHeader( )方法还可以实现网页在规定时间内进行页面跳转。比如我们经常见到如图 5-4 的页面，例 5.4 就是其实现代码，网页 3 秒后跳转到 HelloWorld.jsp。

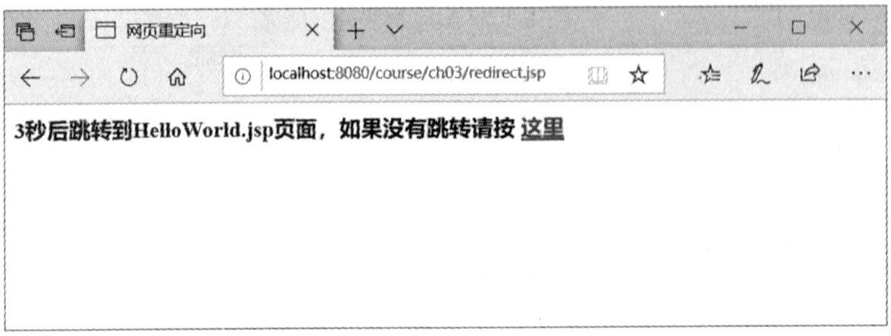

图 5-4　例 5.4 页面跳转前的运行图

例 5.4　网页 3 秒后进行跳转

```
<%@ page contentType="text/html" pageEncoding="GBK"%>
<html>
<head><title>跳转到其他页面</title></head>
<body>
    <h3>
         3 秒后跳转到 HelloWorld.jsp 页面，如果没有跳转请按
         <a href=HelloWorld.jsp>这里</a>!
    </h3>

    <%-- 3 秒后跳转到 hello.htm --%>
    <%
         response.setHeader("refresh", "3;URL=../HelloWorld.jsp");
    %>
</body>
</html>
```

5.3.3　重定向

除了可以通过头信息的方式完成跳转，response 对象的 sendRedirect( )方法也可以把客户机从当页面引导到另一页面，示例如例 5.5。

例 5.5　网页重定向跳转

```
<%@ page contentType="text/html" pageEncoding="UTF-8"%>
<html>
<head><title>使用 sendRedirect 直接跳转</title></head>
<body>
    <%
        response.sendRedirect("hello.htm") ; // 重定向跳转到 hello.htm
    %>
</body>
</html>
```

下面来对比一下<jsp:forward>和重定向的区别。<jsp:forward>是在服务器端发挥作用，通过 forward 方法将提交信息在多个页面间进行传递。<jsp:forward>是在服务器内部控制权的转移，只能跳到当前项目的其他 JSP 中，客户端浏览器的地址栏不会显示出转向后的地址。当需要在页面之间传递参数时，需要用到 request 的方法。服务器端跳转是执行到跳转语句之后会立刻进行跳转，后面的代码都不会执行。

重定向是在客户端发挥作用，通过请求新的地址实现页面转向。重定向不能通过链接传递参数。客户端跳转则是在整个页面执行完之后才执行跳转，并且是通过浏览器重新请求地址，在地址栏中显示转向后的地址。

5.3.4 综合实例

我们通过一个简单的例子，把前面的 request 对象和 response 对象结合起来，实现一个用户登录功能，要求：

（1）登录成功后需要在空间首页显示"欢迎,×××成功登录!"的字样，如图 5-5 所示。

（2）登录失败后，返回到登录界面，重新登录，登录界面如图 5-6 所示。

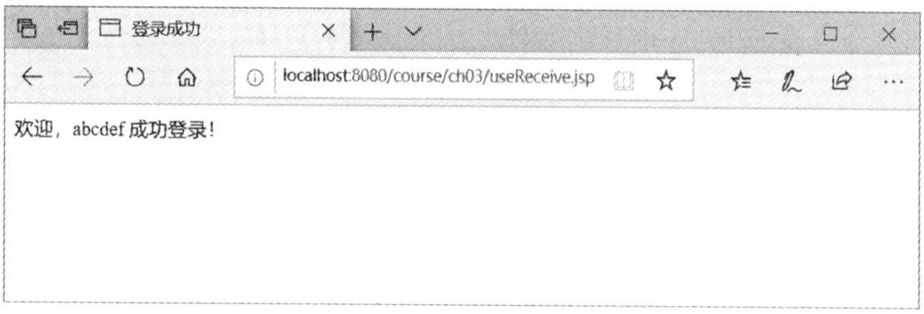

图 5-5 欢迎页

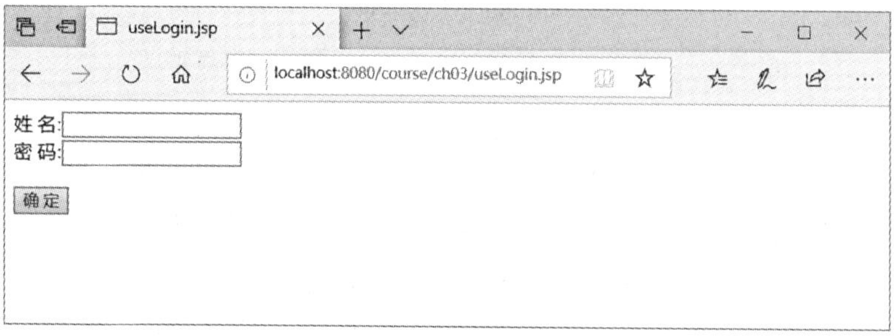

图 5-6 登录界面

例 5.6 登录实例

要实现这个例子，我们需要三个文件，登录界面 useLogin.jsp 是一个表单。用户在输入密码和用户名并提交后，用户填写的值作为参数传递到页面 useReceive.jsp，如果密码和用户名都正确，页面通过<jsp:forward>跳转到欢迎页 loginCorrect.jsp，否则页面重定向到登录界面。这个跳转也正好说明了，重定向只能通过链接传递数值，<jsp:forward>跳转可以通过 request.getParameter( )的方法传递参数。相关三个文件的核心代码如下：

useLogin.jsp

```
<form action="ch03/useReceive.jsp" method="post">
    姓 名:<input type="text" name="RdName"><br>
    密 码:<input type="password" name="RdPasswd"><br>
    <br><input type="submit" value="确 定">
</form>
```

useReceive.jsp

```
<%
    String Name = request.getParameter("RdName");
    String Passwd = request.getParameter("RdPasswd");%>
<%
    if(Name.equals("abcdef") && Passwd.equals("123456"))
    { %>
        <jsp:forward page="loginCorrect.jsp"/>
    <% }
    else
        response.sendRedirect("useLogin.jsp");
    %>
```

loginCorrect.jsp

```
<% String Name = request.getParameter("RdName"); %>
欢迎，<%=Name%> 成功登录！
```

5.4 cookie

客户端与服务器端交互的时候(比如登录系统的时候)，客户端可以把它的纯文本信息封装在 HTTP 信息头里，使用 cookie 提供给服务器，让服务器知道客户端的信息。cookie 是 Web 服务器保存在用户硬盘上的一段文本，它的保存路径为 C:\Documents and Settings\登录用户名\Cookies。cookie 数据格式以“键-值”对(name-value)的形式储存。在 Servlet 技术基础上，JSP 能够提供对 HTTP cookie 的支持。cookie 对象通常用于在浏览器端保存会话过程中的一些参数。当浏览器访问 Web 服务器(某一站点)时，相应的 cookie 会自动发送到服务器上。cookie 的常用方法如表 5-3 所示。cookie 的一般用途包括：

- 购物车的信息读取、用户注册、搜索引擎记录、个性化服务；
- 记录站点访问者访问的次数、最后访问的时间以及访问者进入站点的路径；
- 帮助站点统计用户个人资料以实现个性化服务；
- 实现自动登录功能，用户不需要输入用户名和密码就可以进入曾经浏览过的站点。

表 5-3 cookie 的常用方法

方法	功能描述
Cookie(String name, String value)	实例化 cookie 对象，同时设置名字和内容
String getName()	取得 cookie 的名字
String getValue()	取得 cookie 的内容
void setMaxAge(int expiry)	设置 cookie 的保存时间，以秒为单位

5.4.1 cookie 剖析

cookie 通常在 HTTP 信息头中设置(虽然 JavaScript 能够直接在浏览器中设置 cookie)。在 JSP 中，设置一个 cookie 需要发送如下的信息头给服务器：

```
HTTP/1.1 200 OK
Date: Fri, 04 Feb 2015 21:03:38 GMT
Server: Apache/1.3.9 (UNIX) PHP/4.0b3
Set-Cookie: name=runoob; expires=Friday, 04-Feb-07 22:03:38 GMT;
            path=/; domain=runoob.com
Connection: close
Content-Type: text/html
```

正如所见，Set-Cookie 信息头包含一个键值对、一个有效期域 GMT(格林尼治标准)时间、一个路径、一个域名。键值对会被编码为 URL。有效期域是个指令，告诉浏览器在什么时候之后就可以清除这个 cookie。如果浏览器被配置成可存储 cookie，那么它将会保存这些信息直到过期。如果用户访问的任何页面匹配了 cookie 中的路径和域名，那么浏览器将会重新将这个 cookie 发回给服务器。浏览器端的信息头如下：

```
GET / HTTP/1.0
Connection: Keep-Alive
User-Agent: Mozilla/4.6 (X11; I; Linux 2.2.6-15apmac ppc)
Host: zink.demon.co.uk:1126
Accept: image/gif, */*
Accept-Encoding: gzip
Accept-Language: en
Accept-Charset: iso-8859-1,*,utf-8
Cookie: name=xyz
```

JSP 脚本通过 request 对象中的 getCookies()方法来访问这些 cookie，这个方法会返回一个 cookie 对象的数组。

5.4.2 设置 cookie

使用 JSP 设置 cookie 包含三个步骤：

（1）创建一个 cookie 对象：调用 cookie 的构造函数，使用一个 cookie 名称和值做参数，它们都是字符串。语法如下：

Cookie cookie = new Cookie("key","value");

（2）设置有效期：使用 cookie 对象时必须设置器生存周期，否则 cookie 会随浏览器的关闭而关闭。调用 setMaxAge()函数可以设置 cookie 在多长时间(以秒为单位)内有效。下面的操作将有效期设为了 24 小时。语法如下：

cookie.setMaxAge(60 * 60 * 24);

（3）将 cookie 发送至 HTTP 响应头中：调用 response.addCookie()函数来向 HTTP 响应头中添加 cookie。语法如下：

response.addCookie(cookie);

请务必牢记，名称和值中都不能包含空格或者 [ ] ( ) = , " / ? @ : 字符。cookie 值也不允许出现中文字符，如果需要中文内容的 cookie，需要借助 URLEncoder 对中文字符串进行编码，然后使用 URLDecoder 对其进行解码。

例 5.7 设置 cookie 实例

```
<%@ page contentType="text/html" pageEncoding="GBK"%>
<html>
<head><title>Cookie</title></head>
<body>
<%
    Cookie c1 = new Cookie("JSP","JavaServerPage") ; // 定义新的 cookie 对象
    Cookie c2 = new Cookie("CQ","Chongqing") ;       // 定义新的 cookie 对象
    c1.setMaxAge(60) ;                               // cookie 保存 60 秒
    c2.setMaxAge(60) ;                               // cookie 保存 60 秒
    response.addCookie(c1) ;                         // 向客户端增加 cookie
    response.addCookie(c2) ;                         // 向客户端增加 cookie
%>
</body>
</html>
```

5.4.3 读取 cookie

想要读取 cookie，需要调用 request.getCookies()方法来获得一个 javax.servlet.http.Cookie 对象的数组，然后遍历这个数组，使用 getName()方法和 getValue()方法来获取每一个 cookie 的名称和值。例 5.8 用来读取我们例 5.7 中设置的两个 cookie，运行结果如图 5-7 所示。

例 5.8 读取 cookie 实例

```
<%@ page contentType="text/html" pageEncoding="GBK"%>
<html>
<head><title>Cookie</title></head>
<body>
    <%
        Cookie c[] = request.getCookies() ;            // 取得全部的 cookie
        for(int x=0; x<c.length; x++){                 // 循环取出每一个 cookie
    %>
    <h3><%=c[x].getName()%> --> <%=c[x].getValue()%></h3>
    <%
        }
    %>
</body>
</html>
```

图 5-7 获取 cookie 运行结果

5.5 session 内置对象

5.5.1 session 概述

JSP 中的 session 隐含了两个层面的含义：面向连接、保持状态。面向连接指的是通信双方在通信之前要先建立一个通信的渠道，比如打电话，直到对方接了电话通信才能开始。保持状态则是指通信的一方能够把一系列的消息关联起来，使得消息之间可以互相依赖，比如一个服务员能够认出再次光临的老顾客并且记得上次这个顾客还欠店里一块钱。

session 在 Web 语境下的语义又有了新的扩展，它的含义是指一类用来在客户端与服务器之间保持状态的解决方案。有时候 session 也用来指这种解决方案的存储结构，如“把 xxx 保存在 session 里”。各种用于 Web 开发的语言在一定程度上都提供了对这种解决方案的支持，Java 里提供的 javax.servlet.http.HttpSession 简称为 session。

HTTP 协议本身是无状态的，客户端只需要简单地向服务器请求下载某些文件。无论是客户端还是服务器都没有必要记录彼此过去的行为，每一次请求都是独立的，这就好比一个顾客和一个自动售货机或者一个普通的(非会员制)大卖场之间的关系一样。然而人们很快发现如果能够提供一些按需生成的动态信息,就会使 Web 变得更加有用,就像给有线电视加上点播功能一样。这种需求一方面迫使 HTML 逐步添加了表单、脚本等客户端行为，另一方面在服务器端则出现了 CGI 规范以响应客户端的动态请求，作为传输载体的 HTTP 协议也添加了文件上载、cookie 这些特性。

让我们用一个例子来描述一下 cookie 和 session 机制之间的区别与联系。笔者曾经常去的一家咖啡店有买 5 杯咖啡免费赠 1 杯咖啡的优惠，然而一次性消费 5 杯咖啡的概率微乎其微，这时就需要某种方式来记录某位顾客的消费数量。想象一下其实也无外乎下面的几种方案：

（1）该店的店员很厉害，能记住每位顾客的消费数量，只要顾客一走进咖啡店，店员就知道该怎么对待了。这种做法就是协议本身支持状态。

（2）发给顾客一张卡片，上面记录着消费的数量，一般还有一个有效期限。每次消费时，如果顾客出示这张卡片，则此次消费就会与以前或以后的消费联系起来。这种做法就是在客户端保持状态。

（3）发给顾客一张会员卡，除了卡号之外什么信息也不记录，每次消费时，如果顾客出示该卡片，则店员在店里的记录本上找到这个卡号对应的记录添加一些消费信息。这种做法就是在服务器端保持状态。

由于 HTTP 协议是无状态的，而出于种种考虑开发者也不希望使之成为有状态的，因此，后面两种方案就成为现实的选择。具体来说，cookie 机制采用的是在客户端保持状态的方案，而 session 机制采用的是在服务器端保持状态的方案。

5.5.2 session 访问概述

客户首次访问服务器的一个页面时，服务器就会为该客户分配一个 session 对象，同时为该 session 对象指定唯一的 ID，并将该 ID 号发送到客户端并写入 cookie，使得客户端与服务器的 session 建立一一对应关系。当客户继续访问服务器上的其他资源时，不再为该客户分配新的 session，直到客户端浏览器关闭、超时或调用 session 的 invalidate()方法使其失效，客户端与服务器的会话结束。当客户端关闭网站的所有网页或关闭浏览器时，session 对象中保存的数据会自动清除。当客户端重新打开浏览器访问网站时，服务器会重新为客户分配一个 session 对象，重新分配 session ID。表 5-4 列出了 session 的常用方法。

表 5-4 session 的常用方法

方法	方法描述
getAttribute(String name)	返回 session 对象中与指定名称绑定的对象，如果不存在则返回 null
getAttributeNames()	返回 session 对象中所有的对象名称

表5-4(续)

方法	方法描述
long getCreationTime( )	返回 session 对象被创建的时间，以毫秒为单位，从 1970 年 1 月 1 日凌晨开始算起
String getId( )	返回 session 对象的 ID
long getLastAccessedTime( )	返回客户端最后访问的时间，以毫秒为单位，从 1970 年 1 月 1 日凌晨开始算起
getMaxInactiveInterval( )	返回最大时间间隔，以秒为单位，servlet 容器将会在这段时间内保持会话打开
void invalidate( )	将 session 无效化，解绑任何与该 session 绑定的对象
boolean isNew( )	返回是否为一个新的客户端，或者客户端是否拒绝加入 session
void removeAttribute(String name)	移除 session 中指定名称的对象
void setAttribute (String name, Object value)	使用指定的名称和值来产生一个对象并绑定到 session 中
void setMaxInactiveInterval (int interval)	用来指定时间，以秒为单位，servlet 容器将会在这段时间内保持会话有效

5.5.3 session 对象的基本应用

下面这个例子描述了如何使用 session 对象来获取创建时间和最后一次访问时间，运行结果如图 5-8 所示。

例 5.9 session 实例

```
<%@page contentType="text/html" pageEncoding="UTF-8" import="java.util.*"%>
<body>
    <hr>session 的创建时间是:<%=newDate(session.getCreationTime())%><br>
    session 的 Id 号:<%=session.getId()%><br>
    客户最近一次访问时间是:
    <%=new java.sql. Time(session.getLastAccessedTime())%><br>
    两次请求间隔多长时间 session 将被取消(ms):
    <%=session.getMaxInactiveInterval()%><br>
    是否是新创建的 session:<%=session.isNew()?"是":"否"%><hr>
</body>
```

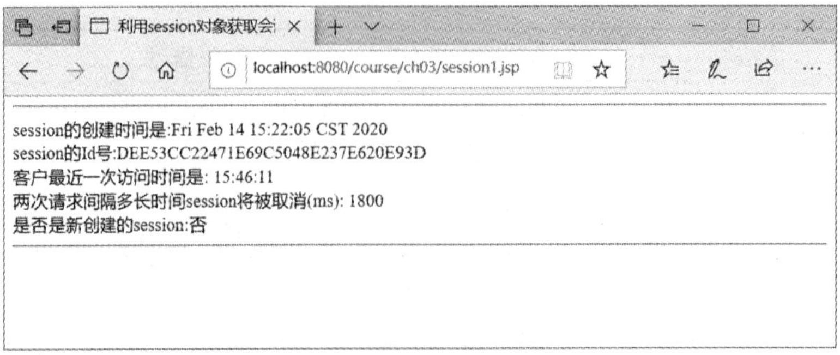

图 5-8　例 5.9 运行结果

cookie 存放在客户端的硬盘里，属于离线存放，而 session 存放在服务器的内存中。cookie 可以长期存放在客户端，具体的生存时间由 setMaxAge( ) 方法所指定的数值决定，session 随用户访问服务器而产生，随客户超时或下线而消失。通常 session 是不能跨窗口使用的，当新开了一个浏览器窗口进入相同页面时，系统会赋予用户一个新的 session ID，这样信息共享的目的就达不到了。此时我们可以先把 session ID 保存在 cookie 中，然后在新窗口中读出来，就可以得到上一个窗口的 session ID 了，这样通过 session 和 cookie 的结合我们就实现了跨窗口的会话跟踪。

5.6　application 内置对象

5.6.1　application 对象概述

当 Web 服务器启动时，Web 服务器会自动创建一个 application 对象。application 对象一旦创建，它将一直存在，直到 Web 服务器关闭。一个 Web 服务器通常有多个 Web 服务目录（网站），当 Web 服务器启动时，它自动为每个 Web 服务目录都创建一个 application 对象，这些 application 对象各自独立，而且和 Web 服务目录一一对应。访问同一个网站的客户都共享一个 application 对象，因此，application 对象可以实现多客户间的数据共享。访问不同网站的客户，对应的 application 对象不同。

application 对象的生命周期是从 Web 服务器启动直到 Web 服务器关闭。在整个应用程序的运行过程中只有一个 application 对象，也即所有访问该网站的客户都共享一个 application 对象。具体来说：不管哪个客户访问网站 A，也不管客户访问网站 A 下哪个页面文件，都可以对网站 A 的 application 对象进行操作，因为，所有访问网站 A 的客户都共用一个 application 对象。表 5-5 列出了 application 的常用方法。

表 5-5　application 的常用方法

方法	方法描述
getAttribute(String attriname)	获取指定属性的值
setAttribute(String attriname, Object attrivalue)	设置一个新属性并保存值

表5-5(续)

方法	方法描述
removeAttribute(String attriname)	从 application 对象中删除指定的属性
getAttributeNames( )	获取 application 对象中所有属性的名字

5.6.2 application 对象实例

统计网站访问人数，要防止有人通过浏览器刷新方式作弊。由于所有的用户都共享一个 application 对象，可以利用 application 对象的属性存储、统计网站访问人数。

【分析】

需要判断是否是一个新的会话，从而判断是否是一个新访问网站的用户，然后才能统计人数。具体代码如例 5.10，运行结果如图 5-9 所示。

例 5.10　网站访问人数统计实例

```
<%@ page language="java" import="java.util.*" pageEncoding="UTF-8"%>
<html>
<head><title>统计网站访问人数</title> </head>
<body>
    <%! Integer yourNumber=new Integer(0); %>
    <%  if (session.isNew()){                          //如果是一个新的会话
          Integer number = (Integer) application.getAttribute("Count");
          if (number == null)                          //如果是第 1 个访问本站
            { number = new Integer(1); }
          else
            { number = new Integer(number.intValue() + 1); }
          application.setAttribute("Count", number);
          yourNumber = (Integer) application.getAttribute("Count");
        }
    %>
    欢迎访问本站，您是第<%=yourNumber%>个访问用户。
</body>
</html>
```

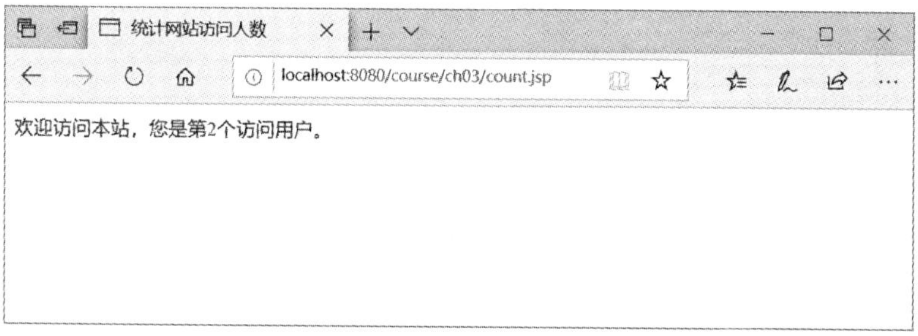

图 5-9　网站访问人数统计运行结果

5.6.3 session 对象和 application 对象的比较

1. 两者的作用范围不同

session 对象是用户级的对象，而 application 对象是应用程序级的对象。一个用户对应一个 session 对象，每个用户的 session 对象不同，在用户所访问网站的多个页面之间共享同一个 session 对象。一个 Web 应用程序对应一个 application 对象，每个 Web 应用程序的 application 对象不同，但一个 Web 应用程序的多个用户之间共享同一个 application 对象。

在同一个网站下：每个用户的 session 对象不同，所有用户的 application 对象相同。

在不同网站下：每个用户的 session 对象不同，每个用户的 application 对象不同。

2. 两者的生命周期不同

session 对象的生命周期：用户首次访问网站创建，用户离开该网站而消亡。application 对象的生命周期：启动 Web 服务器创建，关闭 Web 服务器而消亡。

5.7 本章小结

JSP 的内置对象是 JavaWeb 编程中的难点，也是必须掌握的内容。本章详细讲解了 JSP 内置对象的原理，在介绍了常见方法的基础上，用实例说明了各个内置对象的使用。request 对象是客户端向服务器端发送请求，response 对象用来响应客户端的请求。基于这两个对象，我们深入阐述了 cookie 和 session 的原理。最后本章讲解了 application 对象，并有的放矢地对网站计数器等实现原理进行了剖析。

实验四 编写 JSP 内置对象

一、实验主要目的、要求和类型

1. 实验主要目的

(1) 通过实验，理解 JSP 的 request 内置对象，了解如何在各个页面之间传递参数；

(2) 掌握 JSP 的常用动作<jsp:forward>，页面重定向；

(3) 进一步巩固和掌握 MyEclispe 集成开发环境。

2. 实验要求

(1) 掌握 JSP 的内置对象；

(2) 掌握 request 对象参数传递的过程、获取参数值的方法；

(3) 掌握 JSP 的基本语法，包括脚本元素、指令元素、动作元素；

(4) 掌握页面跳转的方法。

3. 实验类型

开发。

二、本实验使用的软件

JDK、MyEclipse、MySQL 安装包等软件，参照第五章方法、步骤完成本次实验。

三、实验基本步骤

编写代码实现用户注册、登录的小程序。

(1) 用户注册界面。在注册页面中填入相关的信息(相关填写信息符合要求，点击“注册”会跳转到注册信息接收页面)，如果注册信息不符合要求，比如：密码和确认密码不一致，会出现一个警示框，提醒“两次密码输入不一致”，如图 5-10 所示。

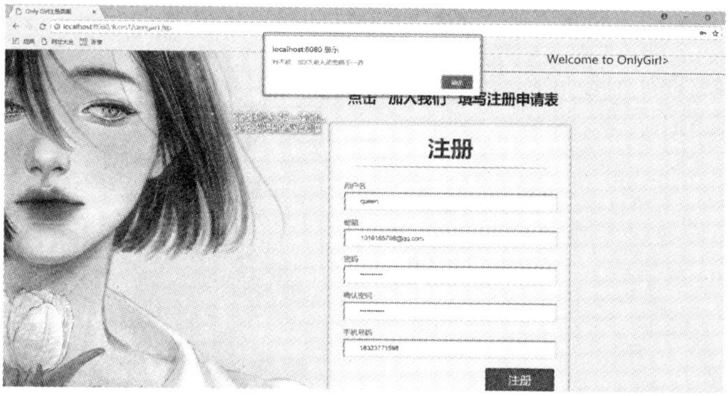

图 5-10 用户注册界面

(2) 用户登录界面如图 5-11 所示。

图 5-11　用户登录界面

(3) 用户注册成功后，数据显示提示页面，如图 5-12 所示。

图 5-12　用户注册信息提交后的界面

(4) 登录成功页面。当用户名和密码输入完全正确的时候，将会跳转到用户登录成功的界面，如图 5-13 所示。用户登录成功之后将会跳转到网站的首页。

图 5-13　登录成功的欢迎页

(5) 登录失败。当用户的用户名和密码不匹配的时候，会跳转至用户登录失败界面，并且3秒之后会跳转到登录界面，如图5-14所示。

图 5-14　登录失败的提示页

四、实验中的注意事项

理解清楚程序各个页面之间的逻辑，事先画出程序的流程图。

五、实验思考题

为什么JSP页面在第一次请求时会比较慢，而之后对同样的JSP页面的请求会非常快?

6　JDBC 数据库操作

6.1　JDBC 概述

6.1.1　JDBC 的基本功能

Java 程序和数据库是不同的程序，Java 程序如何与数据库系统进行交互？在解决这个问题的同时，我们还应了解，多种类型的数据库会导致不同的数据库具备不同的数据库驱动。在开发过程中，程序员需要编写不同的数据库驱动，同时数据库交互的 Java 代码也需重新编写，从而导致效率很低。

Sun 公司为了简化、统一对数据库的操作，定义了一套 Java 操作数据库的接口的规范，它被称为 Java 数据库连接（Java database connectivity），简称 JDBC。JDBC 就是 Java 语言中用来规范客户端程序访问数据库的应用程序接口。这套规则就是用来使 Java 程序连接数据库的，数据库厂商使用 Sun 公司提供的接口，然后 Java 程序员实现接口中的方法即可。接口中的方法由具体的数据库厂商来实现，通过这个接口，JDBC 提供了诸如查询和更新数据库中数据的方法。

JDBC 具有自身独特的体系结构，如图 6-1 所示。

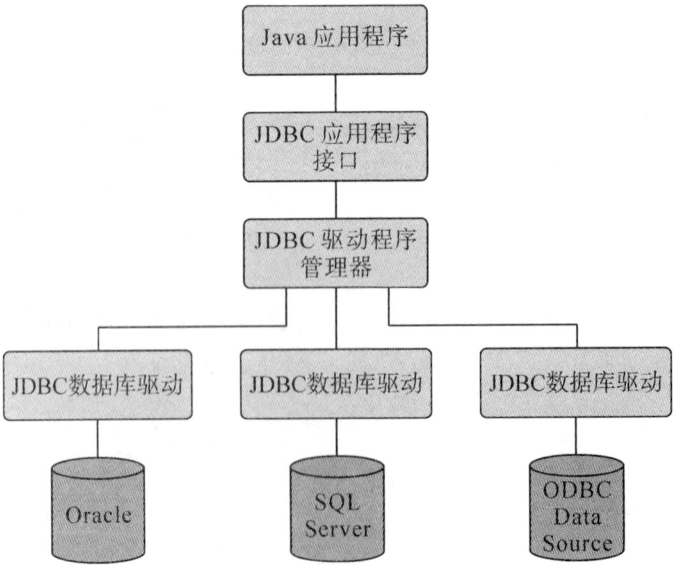

图 6-1　JDBC 的体系结构

JDBC 的体系结构由三层组成，具体如下：

（1）JDBC API：面向程序，供 Java 程序开发人员使用。

（2）JDBC Driver Manager：注册数据库驱动，供 Java 程序开发人员使用。

（3）JDBC Driver API：面向数据库，供数据库厂商使用。

其中，JDBC API 通过 Driver Manager（驱动管理器）实现与数据库的透明连接，提供获取数据库连接、执行 SQL 语句、获得结果等功能。JDBC API 使开发人员获得了标准的、纯 Java 的数据库程序设计接口，为在 Java 程序中访问任意类型的数据库提供支持。JDBC Driver Manager 为应用程序装载数据库驱动，确保使用正确的驱动来访问每个数据源。JDBC Driver Manager 的一个特色功能是能够支持连接到多个异构数据库的并发驱动程序。JDBC Driver API 提供了数据库厂商编写驱动程序时必须实现的接口。

JDBC 扩展了 Java 的能力，它可以让开发人员在开发数据库程序时真正实现一次编写，处处运行。例如，企业可以通过 JDBC 程序让使用不同操作系统的员工在互联网上连接到几个全球数据库上，而这几个全球数据库可以是不相同的。

6.1.2 JDBC API 接口

JDBC API 主要位于 JDK 中的 java.sql 包（之后扩展的内容位于 javax.sql 包），主要包括：

（1）javax.sql.DriverManager：负责加载各种不同驱动程序，并根据不同的请求，向调用者返回相应的数据库连接（connection）。

（2）java.sql.Driver：该接口代表 JDBC 驱动程序，由驱动程序供应商实现。该接口会将自身加载到 DriverManager 中去，并处理相应的请求后返回相应的数据库连接。常用方法如表 6-1 所示。

表 6-1 Driver 的常用方法

方法	方法描述
Class.forName(String driver)	加载注册驱动程序
Connection getConnection()	获取对数据库的连接
Driver getDriver(String url)	在 DriverManager 注册的驱动程序中寻找一个能够打开 URL 所指定的数据库的驱动程序

（3）java.sql.Connection：数据库连接，它负责与数据库进行通信，SQL 执行以及事务处理都是在某个特定 Connection 环境中进行的。常用方法如表 6-2 所示。

表 6-2 Connection 的常用方法

方法	方法描述
Statement createStatement()	创建向数据库发送 SQL 的 Statement 接口类型的对象
close()	立即释放此 ResultSet 对象的数据库和 JDBC 资源，而不是等待该对象自动关闭时执行此操作

表6-2(续)

方法	方法描述
PreparedStatement preparedStatement (String sql)	创建向数据库发送预编译 SQL 的 PrepareStatement 接口类型的对象
CallableStatement prepareCall(String sql)	创建执行存储过程的 CallableStatement 接口类型的对象
void commit()	提交事务
void rollback()	回滚事务

(4) 三种 Statement 类。

- java.sql.Statement：用于执行不带参数的简单 SQL 语句，针对静态 SQL 语句和单次执行。
- java.sql.PreparedStatement：用于执行带或不带参数的预编译 SQL 语句，在服务器端编译，允许重复执行以提高效率。用于发送含有一个或多个输入参数的 SQL 语句，比第一种效率高。一般使用这个接口，常用方法如表 6-3 所示。
- java.sql.CallableStatement：用以调用数据库中的存储过程。

表 6-3　PreparedStatement 的常用方法

方法	方法描述
ResultSet executeQuery(String sql)	该方法用于执行查询语句，并返回查询结果对应 ResultSet 对象。该方法只能用于执行查询语句
int executeUpdate(String sql)	该方法用于执行 DML 语句，比如 INSERT、UPDATE 或 DELETE 语句，并返回受影响的行数；该方法也可用于执行 DDL 语句，执行 DDL 语句将返回 0
boolean execute(String sql)	该方法可以执行任何 SQL 语句。如果执行后第一个结果为 ResultSet 对象，则返回 true；如果执行后第一个结果为受影响的行数或没有任何结果，则返回 false

(5) java.sql.SQLException：代表在数据库连接的建立，以及在关闭和 SQL 语句的执行过程中发生了例外情况(错误)。

(6) java.sql.ResultSet：在使用 Statement 和 PreparedStatement 中的 excecuteQuery 方法执行 SELECT 查询指令时，查询的结果集存放在 ResultSet 中。常用方法如表 6-4 所示。

表 6-4　ResultSet 的常用方法

方法	方法描述
boolean next()	将结果集的指针定位到下一行，如果移动后的记录指针指向一条有效的记录，则该方法返回 true
boolean last()	将结果集的记录指针定位到最后一行，如果移动后的记录指针指向一条有效的记录，则该方法返回 true
void beforeFirst()	移动记录指针到第一笔记录之前

表6-4(续)

方法	方法描述
void afterLast( )	移动指针到最后一笔记录之后
int getRow( )	返回当前记录的行号，从 1 开始，若结果集为空，返回 0

6.1.3 JDBC 的数据库连接步骤

JSP 程序中，使用 java.sql. * 的类和接口访问数据库，一般需要六个步骤。

第一步，加载 JDBC Driver。

在连接数据库之前，首先要加载想要连接的数据库的驱动到 JVM(Java 虚拟机)，这个操作通过 java.lang.Class 类的静态方法 forName(String className)实现。

例如下面的代码，加载 MySQL 的驱动。成功加载后，Java 虚拟机会将 Driver 类的实例注册到 DriverManager 类中。

```
try{    //加载 MySQL 的驱动类
        Class.forName("com.mysql.jdbc.Driver") ;
    }catch(ClassNotFoundException e){
        System.out.println("找不到驱动程序类 ，加载驱动失败！");
        e.printStackTrace() ;
    }
```

第二步，获取与数据库 Connection。

向 java.sql.DriverManager 请求并获得 Connection 对象，该对象就代表一个数据库的连接。使用 DriverManager 的 getConnection(String url, String username, String password)方法传入指定的欲连接的数据库的路径、数据库的用户名和密码来获得数据库连接。

```
//连接 MySQL 数据库，用户名和密码都是 root
String url = "jdbc:mysql://localhost:3306/test" ;
String username = "root" ;
String password = "root" ;
try{
     Connection con = DriverManager.getConnection(url, username, password) ;
   }catch(SQLException se){
      System.out.println("数据库连接失败！");
      se.printStackTrace() ;
   }
```

第三步，创建 Statement 对象。

要执行 SQL 语句，必须获得 java.sql.Statement 实例，前面讲过 Statement 实例分为三种类型：

(1) 执行静态 SQL 语句，通常通过 Statement 实例实现。

（2）执行动态 SQL 语句，通常通过 PreparedStatement 实例实现。

（3）执行数据库存储过程，通常通过 CallableStatement 实例实现。

具体的实现方式：

```
Statement stmt = con.createStatement() ;
PreparedStatement pstmt = con.prepareStatement(sql) ;
CallableStatement cstmt = con.prepareCall("{CALL demoSp(? , ?)}") ;
```

第四步，执行 SQL 语句。

Statement 接口提供了三种执行 SQL 语句的方法：executeQuery、executeUpdate 和 execute。

ResultSet executeQuery(String sql)：执行查询数据库的 SQL 语句，返回一个结果集(ResultSet)对象。

int executeUpdate(String sql)：用于执行 INSERT、UPDATE 或 DELETE 语句以及 SQL DDL 语句，如：CREATE TABLE 和 DROP TABLE 等。

execute(String sql)：用于执行返回多个结果集、多个更新计数或二者组合的语句。

具体实现的代码为：

```
ResultSet rs = stmt.executeQuery("SELECT * FROM ...") ;
int rows = stmt.executeUpdate("INSERT INTO ...") ;
boolean flag = stmt.execute(String sql) ;
```

第五步，处理 ResultSet（针对查询语句）。

两种情况：

（1）执行更新返回的是本次操作影响到的记录数。

（2）执行查询返回的结果是一个 ResultSet 对象。

ResultSet 包含符合 SQL 语句中条件的所有行，并且它通过一套 get 方法提供了对这些行中数据的访问。使用 ResultSet 对象的访问方法获取数据：

```
while(rs.next()){
    String name = rs.getString("name") ;
    String age = rs.getString("age") ; // 此方法比较高效
}
```

第六步，关闭 Connection。

操作完成以后要把所有使用的 JDBC 对象全都关闭，以释放 JDBC 资源，关闭顺序和声明顺序相反：先关闭 ResultSet，再关闭 PreparedStatement，最后关闭连接对象 Connection。具体实现的代码为：

```
if(rs !=null){                          // 关闭记录集
    try {
        rs.close();
    } catch (SQLException e) {
        e.printStackTrace();
    }
}
if(stmt !=null){
    try {
        stmt.close();                   // 关闭 PreparedStatement
    } catch (SQLException e) {
        e.printStackTrace();
    }
}
if(conn !=null){                        // 关闭连接对象
    try {
        conn.close();
    } catch (SQLException e) {
        e.printStackTrace();
    }
}
```

6.2 JDBC 连接 MySQL 数据库

本节将讲授一个完整的 MySQL 数据库连接的例子。首先，下载并安装 MySQL 的 JDBC 驱动程序。比如：下载 mysql-connector-java-5.1.44-bin.jar，将该 JAR 包文件夹添加到 Referenced Libraries 中，如图 6-2 所示。

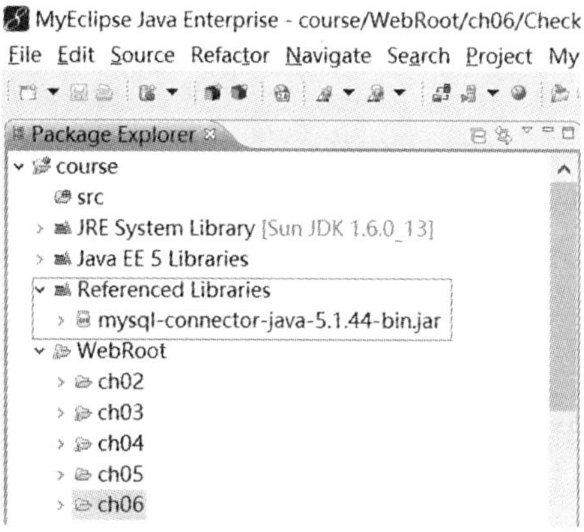

图 6-2　将 MySQL 驱动程序添加到 Referenced Libraries 中

- 加载 JDBC Driver

```
String driverName = "com.mysql.jdbc.Driver";
Class.forName(driverName);
```

- 获取数据库 Connection

```
Connection conn = DriverManager.getConnection(url);
```

JDBC URL 的标准语法如下所示。它由三部分组成，各部分间用冒号分隔：

jdbc：< 子协议 >：< 子名称 >

下面以 MySQL 为例来进行说明。我们将 URL 分为两个部分：localhost 是我们的主机名，3306 是 MySQL 数据库默认的端口号，dbName 是数据库名字，url2 主要是所要连接数据库的账户和密码。这里我们要连接 student 数据库，登录账户是 root，密码为空。

```
url1="jdbc:mysql://localhost:3306/"+dbName
url2 = "?user=" +useName+ "&password=" + usePwd;
```

完整的示例代码见例 6.1。为了测试连接是否成功，我们用 conn.isClosed( ) 的返回值作为信号，如果连接成功，我们输出“MySQL 数据库连接成功”。在实际的应用中，我们应该使用 try-catch 语句进行容错，程序运行的结果如图 6-3 所示。特别注意，我们在使用 JDBC 时，都需要导入 java.sql. * 包。

例 6.1　通过 JDBC 连接 MySQL 数据库

```
<%@ page language="java" import="java.sql.*" pageEncoding="utf-8"%>
<html>
    <head><title>数据库连接测试</title></head>
<body>
    <%
        String driverName = "com.mysql.jdbc.Driver";      //驱动程序名
        String useName = "root";                          //数据库用户名
        String usePwd = "";                               //密码
        String dbName = "student";                        //数据库名称
        String url1 = "jdbc:mysql://localhost:3306/"+dbName;
        String url2 = "?user=" +useName+ "&password=" + usePwd;
        String url = url1 + url2;
        Class.forName(driverName);                        //加载并注册驱动程序
        Connection conn = DriverManager.getConnection(url);   //获取连接对象
    %>
    <%
        if(!conn.isClosed())  {
            out.print("<center><h1>");
            out.print("MySQL 数据库连接成功");
            out.print("</h1></center>");
```

```
        }
    %>
    <%
        if (conn!= null){conn.close();}
    %>
</body>
</html>
```

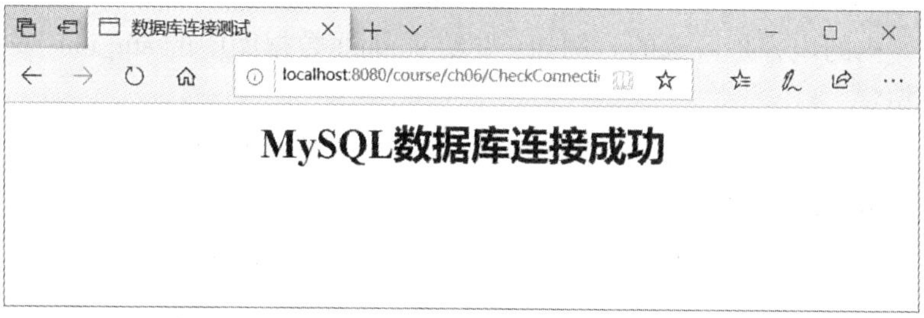

图 6-3　通过 JDBC 连接 MySQL 数据库

6.3　JDBC 数据库操作

与数据库建立连接后，我们就可以通过 JSP 程序对数据库进行增删、查改等一系列的操作。本节将通过几个例子来说明如何使用 java.sql 包中的类和接口对数据库进行操作。

【案例说明】

在 student 数据库中，有一个学生身体体质的信息表，数据表名为 stu_info。这个表包括了以下字段，数据字典如表 6-5 所示。

表 6-5　stu_info 表结构

字段名	描述	数据类型
id	序号(主键)	整型
name	姓名	字符串
sex	性别	字符串
age	年龄	整型
weight	体重	实型
height	身高	实型

接下来，我们以此数据库为基础，实现以下功能：

(1) 数据库记录信息的插入；

(2) 数据库记录信息的查询；

（3）数据库记录信息的删除；

（4）数据库记录信息的修改。

6.3.1 insert 操作

数据库的插入操作需要使用 insert 语句。insert 语句可以用来将一行或多行数据插到数据库表中，使用的一般形式如下：

insert into 表名 [（列名 1，列名 2,...）] values（值 1，值 2,...）；

其中 [ ] 内的内容是可选的。例如：要给 student 数据库中的 stu_info 表插入一条记录，执行语句：

insert into stu_info values(7，"Super"，"female"，22，80，178)；

例 6.2 添加记录(初级)

我们将上述记录插入数据库中，编写代码如下(为了节省篇幅，我们略去了数据库连接的代码)。SQL 语句中的“?”表示语句创建时尚未指定值的参数。在语句提交之前，需要通过 PreparedStatement 对象的 pstmt 实例对每个“?”进行参数设置，以确保每个“?”被具体的值代替。图 6-4 为其运行结果，我们可以通过 Navicat 或者控制台程序确认该记录是否被成功添加到数据库。

insert_stu_1.jsp

```
//参数化的查询语句
String sql="Insert into stu_info(id,name,sex,age,weight,height) values (?,?,
?,?,?,?)";
PreparedStatement pstmt=conn.prepareStatement(sql);

//设置各个“？”的具体值
pstmt.setInt(1,7);
pstmt.setString(2," Super");
pstmt.setString(3,"female");
pstmt.setInt(4,22);
pstmt.setFloat(5,80);
pstmt.setFloat(6,178);

//提交数据库
int n=pstmt.executeUpdate();
if(n==1)
    out.println("<center>"+"添加成功!<br>"+"</center>");
else
    out.println("<center>"+"插入失败!<br>"+"</center>");
if (pstmt!=null){pstmt.close();}
if (conn!=null){conn.close();}
```

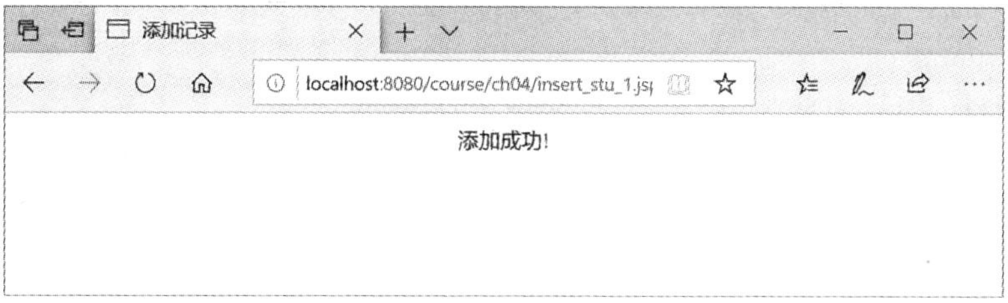

图 6-4　例 6.2 的运行结果

例 6.2 的功能是不实用的，因为在动态网页中，用户对数据库的修改都是随机的，不可能有固定的值存在，也就是说要插入的记录事先是不知道的。因此，SQL 语句不可能固化在代码中。常见的例子是这样的，我们通过一个表单程序(如图 6-5 所示)，让用户在里面填写要插入的记录，当用户提交后，再返回一个插入是否成功的确认信息给用户。

图 6-5　例 6.3 的表单运行效果

例 6.3　添加记录(高级)，通过表单进行插入

要实现通过表单插入记录，我们得使用 request 对象。我们通过 insert_stu_form.jsp 填写要插入的数据(如图 6-5 所示)，表单的 action=" insert_stu_2.jsp"，表单提交后网页跳转到 insert_stu_2.jsp。insert_stu_2.jsp 首先获取 insert_stu_form.jsp 的各个文本框的参数，然后对所有的“?”进行“赋值”，最后提交到数据库。具体代码如下：

insert_stu_form.jsp

```
<%@ page language="java" import="java.util.*" pageEncoding="utf-8"%>
<html>
<head><title>insert_stu_form.jsp</title></head>
<body>
   <center>
   <h1>学生信息表格</h1>
   <form action="ch04/insert_stu_2.jsp" method="post">
       <table border="0" width="238" height="252">
          <tr><td>学号</td><td><input type="text" name="id"></td></tr>
          <tr><td>姓名</td><td><input type="text" name="name"></td></tr>
          <tr><td>性别</td><td><input type="text" name="sex"></td></tr>
          <tr><td>年龄</td><td><input type="text" name="age"></td></tr>
          <tr><td>体重</td><td><input type="text" name="weight"></td></tr>
          <tr><td>身高</td><td><input type="text" name="height"></td></tr>
          <tr align="center">
              <td colspan="2">
                  <input type="submit" value="提交">
                  <input type="reset" value="取消">
              </td>
          </tr>
      </table>
    </form>
    </center>
</body>
</html>
```

insert_stu_2.jsp

```
<%@ page language="java" import="java.sql.*" pageEncoding="utf-8"%>
<html>
  <head></head>
  <body>
    <%
     //数据库连接
     String driverName="com.mysql.jdbc.Driver";
     String useName="root";
     String usePwd="";
     String dbName="student";
     String url1="jdbc:mysql://localhost:3306/"+dbName;
     String url2="?user="+useName+"&password="+usePwd;
     String url=url1+url2;
     Class.forName(driverName);
```

```
        Connection conn=DriverManager.getConnection(url);
        %>

        <%
        String sql="Insert into stu_info(id,name,sex,age,weight,height) values (?,?,?,?,?,?)";
        PreparedStatement pstmt=conn.prepareStatement(sql);
        request.setCharacterEncoding("utf-8");

        //获取表单各个参数
        int id= Integer.parseInt(request.getParameter("id"));
        String name=request.getParameter("name");
        String sex=request.getParameter("sex");
        int age= Integer.parseInt(request.getParameter("age"));
        float weight= Float.parseFloat(request.getParameter("weight"));
        float height= Float.parseFloat(request.getParameter("height"));

        //设置各个“？”的具体值
        pstmt.setInt(1,id);
        pstmt.setString(2,name);
        pstmt.setString(3,sex);
        pstmt.setInt(4,age);
        pstmt.setFloat(5,weight);
        pstmt.setFloat(6,height);

        //实现数据库插入操作
        int n=pstmt.executeUpdate();
        if(n==1)
           out.println("<center>数据库写入成功!<center><br>");
        else
           out.println("<center>数据库写入失败!<center><br>");
        if (pstmt!=null){pstmt.close();}
        if (conn!=null){conn.close();}
        %>
    </body>
</html>
```

6.3.2 select 操作

查询表中的数据，使用 select 语句。select 语句常用来根据一定的查询规则到数据库中获取数据，其基本的用法为：

select 列名称 from 表名称［查询条件］；

例如，要查询 stu_info 表中所有学生的名字和年龄，输入语句：

select name, age from stu_info;

例如要查询 stu_info 表中体重在 71~75kg 的男同学信息，输入语句：

select * from stu_info where sex="male" and weight>=71 and weight<=75;

例 6.4　查询 stu_info 表中所有学生的信息

与前面的例子有所不同的是，这里是对多条记录进行操作，因此我们要引入前面介绍的 ResultSet 对象。select 语句查询的结果都保存在 ResultSet 对象里。通过 while 循环把每条记录在网页中显示出来，代码如下：

query_stu_1.jsp

```
String sql="select * from stu_info;";
PreparedStatement pstmt=conn.prepareStatement(sql);
ResultSet rs=pstmt.executeQuery();
rs.last();
//显示模块
while(rs.next()){
    <tr>
          <td><%=rs.getRow()%></td>
          <td><%=rs.getString("id")%></td>
          <td><%=rs.getString("name")%></td>
          <td><%=rs.getString("age")%></td>
          <td><%=rs.getString("sex")%></td>
          <td><%=rs.getString("weight")%></td>
          <td><%=rs.getString("height")%></td>
    </tr>
}
```

在现实中，我们经常进行的是条件查询——我们需要用户指定查询的条件。比如下面的例 6.5，我们要查询体重在某一范围内的学生信息。同样，我们得使用 request 对象。我们通过 query_stu_form.jsp 让用户填写要查询的体重范围(如图 6-6)，表单的 action=" query_stu_3.jsp"，表单提交后网页跳转到 query_stu_3.jsp。query_stu_3.jsp 首先获取 query_stu_form.jsp 的两个文本框的参数，然后对两个“?”进行赋值，最后提交到数据库。具体代码如下：

图 6-6　例 6.5 的 select 条件表单运行效果

例 6.5 通过表单随机查询体重在某一范围的学生信息。运行结果如图 6-7 所示。

query_stu_form.jsp

```
<%@ page language="java" import="java.util.*" pageEncoding="utf-8"%>
<html>
<head><title>查询条件</title></head>
<body>
   <center>
   <h1>请设置要查询的条件</h1><hr width="100%" size="3">
   <form action="query_stu_3.jsp" method="post">
      性别: 男<input type="radio" value="male" name="sex" checked="checked">
            女<input type="radio" value="female" name="sex"><br><br>
      请输入要查询的体重范围: <p>
            最小 <input type="text" name="w1">
            最大 <input type="text" name="w2">
            <p> <input type="submit" value="提交">
                <input type="reset" value="取消">
        </form>
    </center>
  </body>
</html>
```

query_stu_3.jsp(只列出核心代码)

```
<%
      request.setCharacterEncoding("utf-8");
      //获取表单中的三个参数
      String sex=request.getParameter("sex");
      float weight_1=Float.parseFloat(request.getParameter("w1"));
      float weight_2=Float.parseFloat(request.getParameter("w2"));
      String sql="select * from stu_info where sex=? and weight>=? and weight<=?;";
      PreparedStatement pstmt=conn.prepareStatement(sql);
      pstmt.setString(1,sex);
      pstmt.setFloat(2,weight_1);
      pstmt.setFloat(3,weight_2);
      ResultSet rs=pstmt.executeQuery();
      rs.last();
%>

<font size="5" color="red">本系统查询到符合要求体重在
      <%=weight_1%>----<%=weight_2%>之间共有<%=rs.getRow()%>人
</font>
```

```
<table border="2" bgcolor="ccceee" width="650">
        <tr bgcolor="cccccc" align="center">
            <td>记录条数</td><td>学号</td><td>姓名</td>
            <td>性别</td><td>年龄</td><td>体重</td><td>身高</td>
        </tr>
        <%
            rs.beforeFirst();
            while(rs.next()){%>
            <tr>
                    <td><%=rs.getRow()%></td>
                    <td><%=rs.getString("id")%></td>
                    <td><%=rs.getString("name")%></td>
                    <td><%=rs.getString("age")%></td>
                    <td><%=rs.getString("sex")%></td>
                    <td><%=rs.getString("weight")%></td>
                    <td><%=rs.getString("height")%></td>
            </tr>
          <% }%>
</table>
```

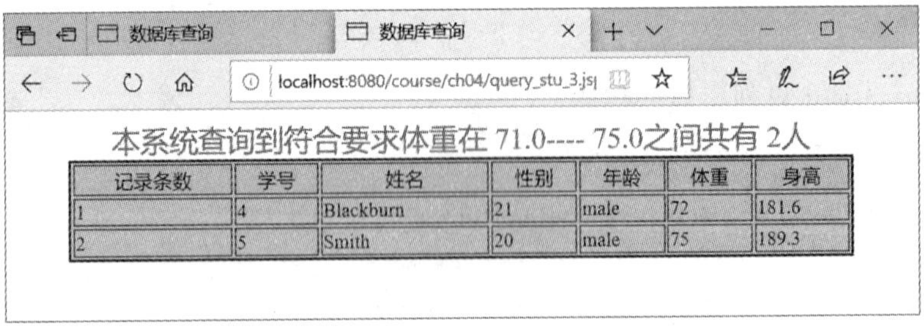

图 6-7　例 6.5 的条件查询表单运行结果

6.3.3　update 操作

update 语句可用来修改表中的数据，基本的使用形式为：

update 表名称 set 列名称=新值 where 更新条件；

使用示例：

将 id 为 5 的学生体重改为 70

update stu_info set weight=70 where id=5；

例 6.6　更新表中学生"Bell"的体重为 80kg

update_stu_1.jsp

```
String sql="update stu_info set weight=? where name=?";
PreparedStatement pstmt=conn.prepareStatement(sql);
pstmt.setFloat(1,80);
pstmt.setString(2,"Bell");
```

```
int n=pstmt.executeUpdate();
if(n==1)
    out.println("<center><h1>更新成功<br></h1></center>");
else
    out.println("<center><h1>更新失败<br></h1></center>");
```

网站做更新操作时，一般的逻辑过程是，先进行记录的查询，显示要修改的记录，然后进行更新，最后提交到数据库。

例 6.7 更新表单中满足查询条件的学生信息

我们先进行一次条件查询(如图 6-8 所示)，显示出要修改的学生信息。这个过程与例 6.5 类似。先运行表单 query_stu_name.jsp。通过 request 对象传递用户输入的姓名和性别到 update_stu_form.jsp。与例 6.5 不同的是，查询出来的结果以表单的形式呈现(如图 6-9 所示)，供用户修改相关字段的值。用户修改完值后，update_stu_form.jsp 的 action 将页面跳转到 update_stu_2.jsp，图 6-10 显示了修改是否成功的确认信息。为了保证会话的完整性，我们添加了 session 对象，以保证数据不会被篡改。整个例 6.7 的逻辑过程如图 6-11 所示。

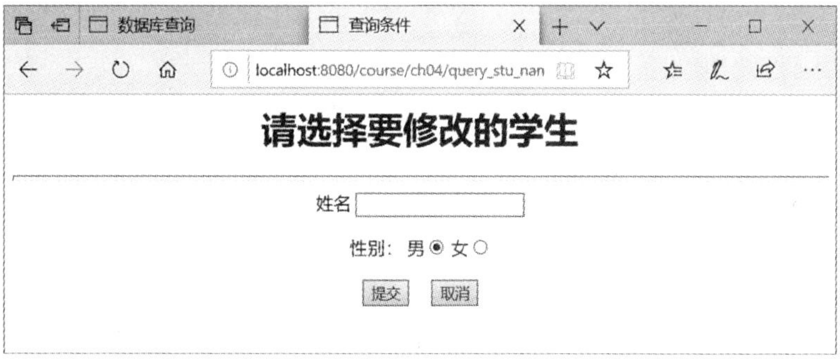

图 6-8 query_stu_name.jsp 的运行结果

图 6-9 查询的结果以表单形式显示

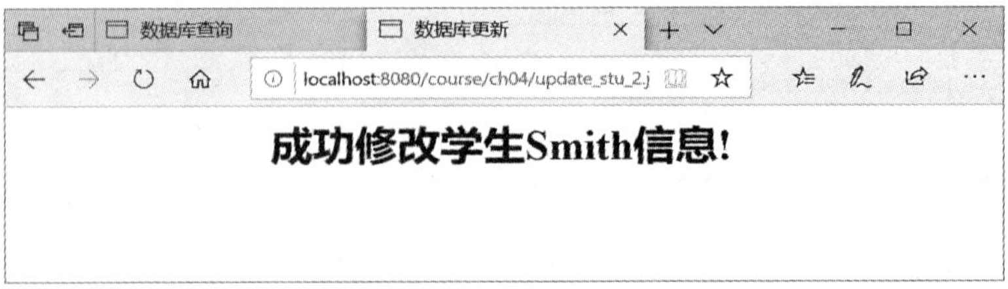

图 6-10　在提交后显示修改是否成功的确认信息

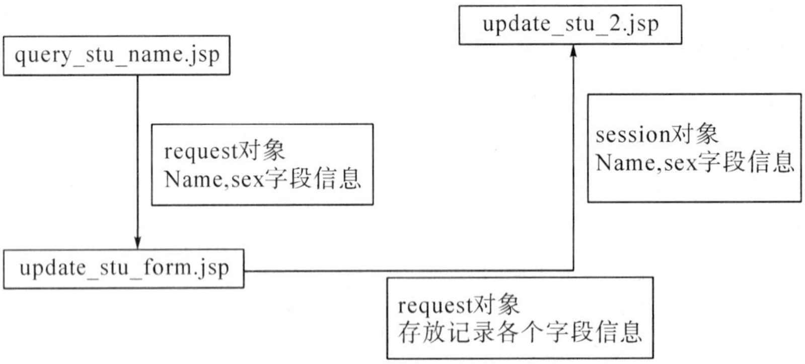

图 6-11　例 6.7 的逻辑过程

query_stu_name.jsp

```
<h1>请选择要修改的学生</h1><hr width="100%" size="3">
<form action="update_stu_form.jsp" method="post">
    姓名 <input type="text" name="name"><p>
    性别： 男<input type="radio" value="male" name="sex" checked="checked">
         女<input type="radio" value="female" name="sex"><br><br>
    <input type="submit" value="提交">
    <input type="reset" value="取消">
</form>
```

update_stu_form.jsp

```
<%@ page language="java" import="java.sql.*" pageEncoding="utf-8"%>
<html><head><title>更新学生信息</title></head>
<body>
     <%--数据库连接公共代码 --%>
     <%
     String driverName="com.mysql.jdbc.Driver";
     String useName="root";
     String usePwd="";
     String dbName="student";
     String url1="jdbc:mysql://localhost:3306/"+dbName;
     String url2="?user="+useName+"&password="+usePwd;
     String url=url1+url2;
     Class.forName(driverName);
     Connection conn=DriverManager.getConnection(url);
```

```
    %>

    <%
    String sex=request.getParameter("sex");
    String name=request.getParameter("name");
    session.setAttribute("sex",sex);
    session.setAttribute("name",name);
    String sql="select * from stu_info where sex=? and name=?";
    PreparedStatement pstmt=conn.prepareStatement(sql);
    pstmt.setString(1,sex);
    pstmt.setString(2,name);
    ResultSet rs=pstmt.executeQuery();
    %>

    <%
    if (rs.next()){
       int id=rs.getInt("id");
       String name2=rs.getString("name");
       String sex2=rs.getString("sex");
       int age=rs.getInt("age");
       float weight=rs.getFloat("weight");
       float height=rs.getFloat("height");
       if (rs!=null) {rs.close();}
       if (pstmt!=null){pstmt.close();}
       if (conn!=null){conn.close();}
    %>
    <center>
    <h1>学生信息表格</h1>
    <form action="update_stu_2.jsp" method="post">
        <table border="0" width="238" height="252">
          <tr><td>学号</td>
              <td><input type="text" name="id" value=<%=id%>></td>
          </tr>
          <tr><td>姓名</td>
              <td><input type="text" name="name2" value=<%=name2%>></td>
          </tr>
              <tr><td>性别</td>
              <td><input type="text" name="sex2" value=<%=sex2%>></td>
          </tr>
          <tr><td>年龄</td>
              <td><input type="text" name="age" value=<%=age%>></td>
          </tr>
          <tr><td>体重</td>
              <td><input type="text" name="weight" value=<%=weight%>></td>
```

```
            </tr>
            <tr><td>身高</td>
                <td><input type="text" name="height" value=<%=height%>></td>
            </tr>
            <tr align="center">
                <td colspan="2">
                    <input type="submit" value="提交">
                    <input type="reset" value="取消">
                </td>
            </tr>
        </table>
            </form>
    <%}
    else {%>
        <h1>没有找到合适的记录！</h1><%
        if (rs!=null) {rs.close();}
        if (pstmt!=null){pstmt.close();}
        if (conn!=null){conn.close();}
    }%>
    </center>
</body>
</html>
```

update_stu_2.jsp

```
<%@ page language="java" import="java.sql.*" pageEncoding="utf-8"%>
<html>
<head><title>数据库更新</title></head>
<body>
        <%--数据库连接公共代码 --%>
        <%
        String driverName="com.mysql.jdbc.Driver";
        String useName="root";
        String usePwd="";
        String dbName="student";
        String url1="jdbc:mysql://localhost:3306/"+dbName;
        String url2="?user="+useName+"&password="+usePwd;
        String url=url1+url2;
        Class.forName(driverName);
        Connection conn=DriverManager.getConnection(url);
        %>

        <%
        request.setCharacterEncoding("utf-8");
```

```
            String sql="update stu_info set id=?,name=?,sex=?,age=?,weight=?,height=? where name=? and sex=?";
            PreparedStatement pstmt=conn.prepareStatement(sql);
            int id=Integer.parseInt(request.getParameter("id"));
            String name2=request.getParameter("name2");
            String sex2=request.getParameter("sex2");
            int age=Integer.parseInt(request.getParameter("age"));
            float weight=Float.parseFloat(request.getParameter("weight"));
            float height=Float.parseFloat(request.getParameter("height"));

            String name=(String)session.getAttribute("name");
            String sex=(String)session.getAttribute("sex");

            pstmt.setInt(1,id);
            pstmt.setString(2,name2);
            pstmt.setString(3,sex2);
            pstmt.setInt(4,age);
            pstmt.setFloat(5,weight);
            pstmt.setFloat(6,height);

            pstmt.setString(7,name);
            pstmt.setString(8,sex);

            int n=pstmt.executeUpdate();
            if(n>=1)
               out.println("<center><h1>成功修改学生"+name+"信息!<br></h1></center>");
            else
               out.println("<center><h1>学生"+name+"信息更新失败!<br></h1></center>");
            if (pstmt!=null){pstmt.close();}
            if (conn!=null){conn.close();}
    %>
</body>
</html>
```

6.3.4 delete 操作

delete 语句用于删除表中的数据，基本用法为：

delete from 表名称 where 删除条件；

使用示例：删除 id 为 2 的记录

delete from stu_info where id=2；

删除所有年龄小于 20 岁的数据

delete from stu_info where age<20;

例 6.8　删除数据库中体重满足用户提交条件的学生信息

我们先进行一次条件查询(如图 6-12 所示)，查询要删除的学生信息。这个过程与例 6.5 类似。先运行表单 query_stu_name2.jsp。通过 request 对象传递用户输入查询参数，到 delete_stu_form.jsp。与例 6.5 不同的是，查询出来的结果以标签的形式呈现(如图 6-13 所示)，用户不能修改任何信息。用户点击“确认删除”按钮后，该学生信息被删除，并返回删除操作是否成功的确认信息。

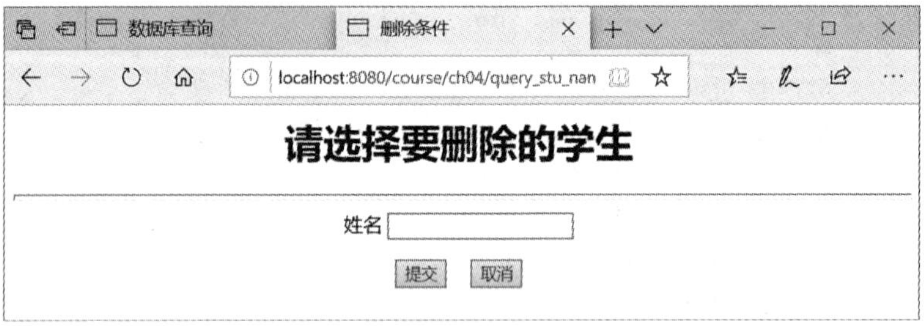

图 6-12　删除操作前的查询表单

图 6-13　查询出要删除的学生信息

query_stu_name2.jsp

```
<h1>请选择要删除的学生</h1><hr width="100%" size="3">
<form action="delete_stu_form.jsp" method="post">
    姓名 <input type="text" name="name"><p>
    <input type="submit" value="提交">
    <input type="reset" value="取消">
</form>
```

delete_stu_form.jsp

```
<%@ page language="java" import="java.sql.*" pageEncoding="utf-8"%>
<html>
<head><title>即将删除的学生信息</title></head>
<body>
    <%--数据库连接公共代码 --%>
    <%
    String driverName="com.mysql.jdbc.Driver";
    String useName="root";
    String usePwd="";
    String dbName="student";
    String url1="jdbc:mysql://localhost:3306/"+dbName;
    String url2="?user="+useName+"&password="+usePwd;
    String url=url1+url2;
    Class.forName(driverName);
    Connection conn=DriverManager.getConnection(url);
    %>

    <%
    String name=request.getParameter("name");
    session.setAttribute("name",name);
    String sql="select * from stu_info where name=?";
    PreparedStatement pstmt=conn.prepareStatement(sql);
    pstmt.setString(1,name);
    ResultSet rs=pstmt.executeQuery();
    %>

    <%
    if (rs.next()){
       int id=rs.getInt("id");
       String name2=rs.getString("name");
       String sex=rs.getString("sex");
       int age=rs.getInt("age");
       float weight=rs.getFloat("weight");
       float height=rs.getFloat("height");
       if (rs!=null) {rs.close();}
       if (pstmt!=null){pstmt.close();}
       if (conn!=null){conn.close();}
    %>
```

```
        <center>
            <h1>学生信息表格</h1>
            <form action="delete_stu_2.jsp" method="post">
              <table border="0" width="238" height="252">
                <tr><td>学号</td><td><%=id%></td></tr>
                <tr><td>姓名</td><td><%=name2%></td></tr>
                <tr><td>性别</td><td><%=sex%></td></tr>
                <tr><td>年龄</td><td><%=age%></td></tr>
                <tr><td>体重</td><td><%=weight%></td></tr>
                <tr><td>身高</td><td><%=height%></td></tr>
                <tr align="center">
                <td colspan="2">
                    <input type="submit" value="确认删除？">
                    <input type="reset" value="取消">
                </td></tr>
              </table>
            </form>
        <%}
        else {%>
            <h1>没有找到合适的记录！</h1><%
            if (rs!=null) {rs.close();}
            if (pstmt!=null){pstmt.close();}
            if (conn!=null){conn.close();}
        }%>
        </center>
    </body>
</html>
```

6.4 本章小结

数据库连接以及对数据库的各种操作是本书的重点。本章系统讲解了 JDBC 数据库连接的原理、各个功能接口以及数据库连接的六个步骤;详细讲解了数据库的增删、查改等操作。在每种数据库的操作中，我们都先举一个简单的例子帮助大家理解，然后再举一个更贴近实际的综合案例，以加深大家对不同数据库的认识。

实验五 数据库连接

一、实验主要目的、要求和类型

1. 实验主要目的

通过实验，了解 JavaWeb 的数据库访问技术 JDBC 的基本概念及驱动程序的类型及结构，掌握主流数据库的 Java 访问方法，能灵活运用 JDBC 进行数据库编程。

2. 实验要求

（1）了解 JavaWeb 的数据库访问技术；

（2）了解 JDBC 的概念及必要性；

（3）理解 JDBC 驱动程序的类型；

（4）理解 JDBC 程序的结构；

（5）能灵活运用 JDBC 进行数据库编程。

3. 实验类型

验证。

二、实验使用的软件

JDK、MyEclipse、MySQL 安装包等软件，参照第六章方法、步骤完成本次实验。

三、实验基本步骤

（1）安装并启动 MySQL 系统，新建数据库，新建用户的基本信息表。

（2）按照如下步骤，进行 JDBC 数据库连接。

①加载 JDBC Driver；

②建立与数据库 Connection；

③创建数据库操作对象；

④执行 SQL 语句；

⑤处理 ResultSet（针对查询语句）；

⑥关闭 Connection。

（3）进行数据库操作（以 insert 操作为例）。

实现将表单中填写的注册信息（如图 6-14 所示）写入数据库。

图 6-14　注册

（4）通过数据库控制台验证操作是否成功，如图 6-15 所示。

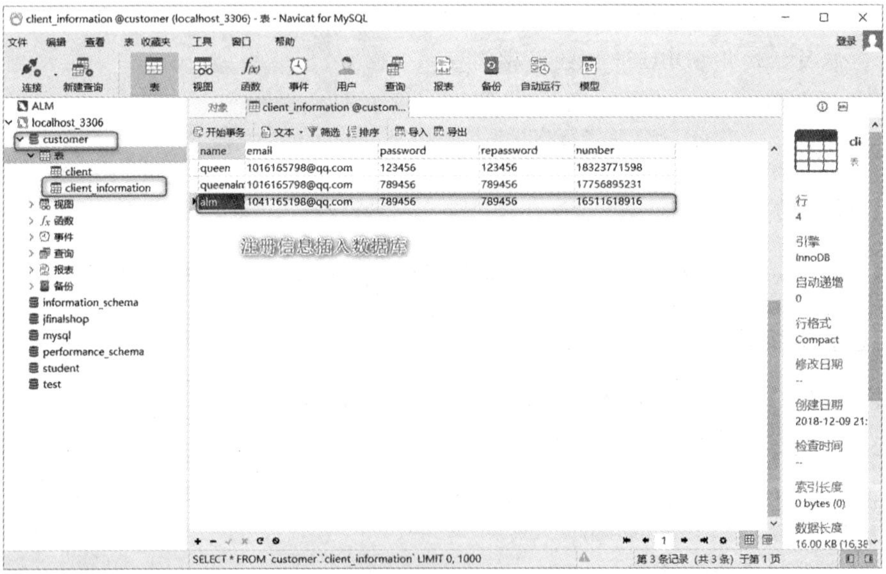

图 6-15　注册信息写入数据库展示

四、实验中的注意事项

注意数据资源的释放（结果集、连接对象、语句对象）。

第二部分　综合案例

7 综合项目——时尚衣库

本章将以构建一个简单的购物商城网站项目为例，带领大家将前部分所学（JSP、CSS、HTML、数据库）融会贯通，形成一个完整的开发系统思维。

【学习导航】

1.学习目标

（1）了解项目的整体结构；

（2）实现用户管理的核心功能，如注册、登录、注销；

（3）完成商品管理的核心功能，如商品展示、商品搜索；

（4）构建简单购物车：包含商品添加、商品展示、商品删除、金额计算等功能。

2.学习方式

以页面效果展示、页面结构分析和代码演示的方式为主。

3.重点知识

（1）HTML 布局；

（2）CSS3 动画；

（3）JS 事件绑定；

（4）JSP 功能使用。

7.1 项目简介

本项目名称为“时尚衣库”，采用 HTML、CSS3、JSP、JS 等多种语言为基础构建，是以实现基本的用户管理和商品管理为目标搭建的项目。首先为大家介绍项目的基本功能、页面结构和项目的目录结构。

7.1.1 项目功能展示

本项目有三大功能模块和十二个子功能，核心分别为：用户管理（注册、登录、状态判定、注销），商品管理（展示、搜索、更新、下架），购物车管理（添加、展示、删除、金额计算）。图 7-1 为项目功能结构图。部分功能页面效果图如图 7-2 至图 7-8 所示。

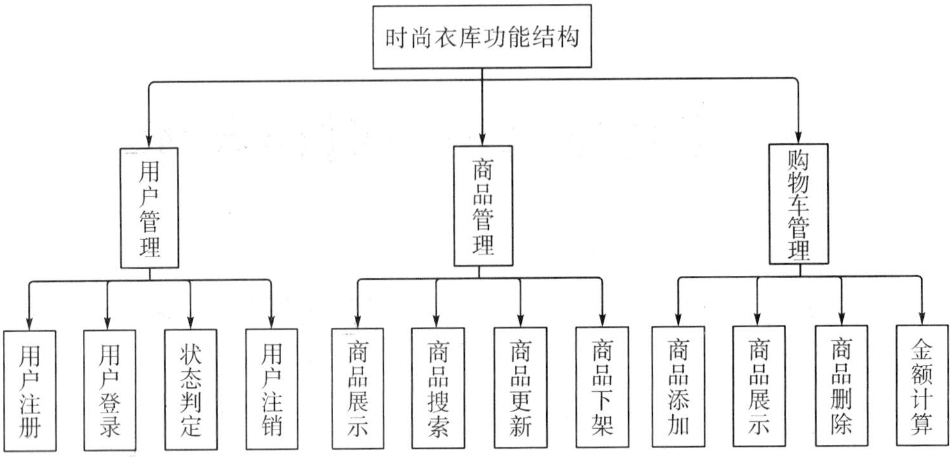

图 7-1　项目功能结构图

图 7-2　用户注册功能

图 7-3　用户登录功能

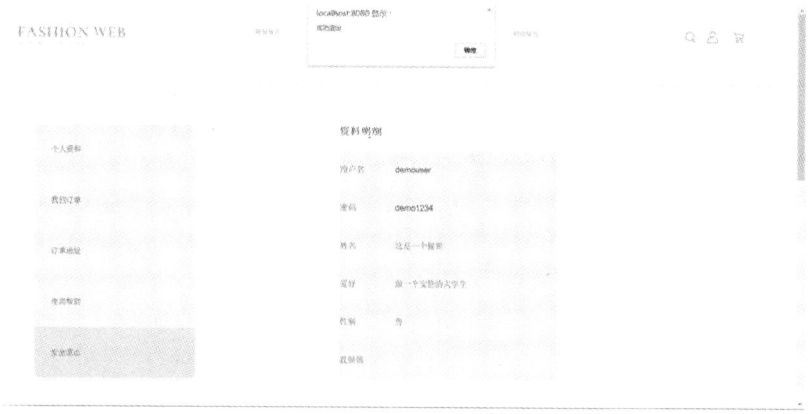

图 7-4　用户注销功能

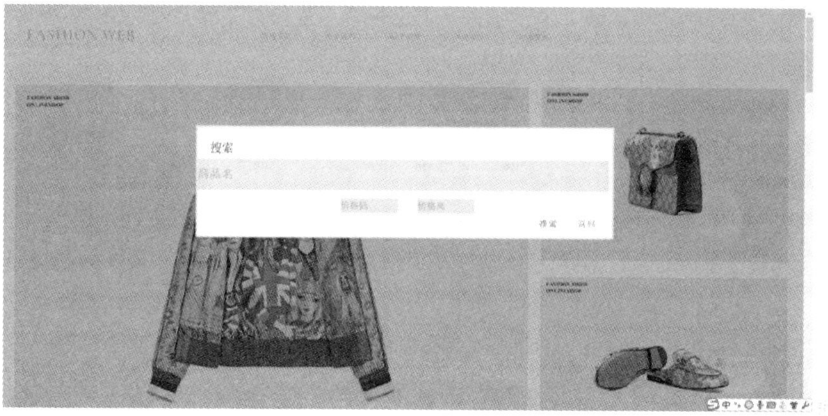

图 7-5　商品搜索功能

图 7-6　商品更新功能

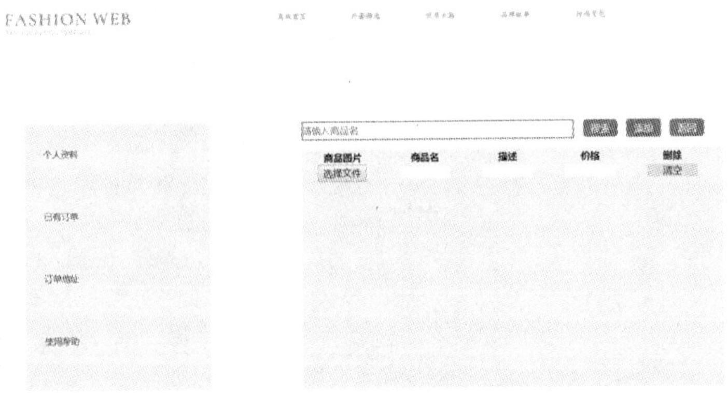

图 7-7　商品添加功能

图 7-8　金额计算功能

7.1.2　项目目录和文件结构

一个整体项目的代码量远远不同于大家之前单项作业的代码量。代码结构混乱、文件随意穿插会对后期整个项目的调试和修改带来不必要的麻烦。所以，代码分离和清晰的文件目录结构是搭建整体项目的基础，下面介绍“时尚衣库”项目的整体目录结构，如图 7-9 所示。

在图 7-9 中，各个目录和文件的说明如下：

（1）Webroot：Webroot 为整个项目的顶级目录，也是项目的名称，该目录下有 3 个子目录，分别为 css、img 和 js，以及该项目下的 HTML 文件。

（2）css：css 文件目录，该目录下存放的是 css 文件，用于存储 HTML 中的样式代码。

（3）img：图片文件目录，存放项目中引用的图片文件。

（4）js：JavaScript 文件目录，该目录用于存放引用的 JS 代码。

在项目构建的过程中会产生大量的代码，为了方便后期调试，修改代码的分离是必要的。在后面的小结中，将会把项目分成几个任务，一步一步地完成。

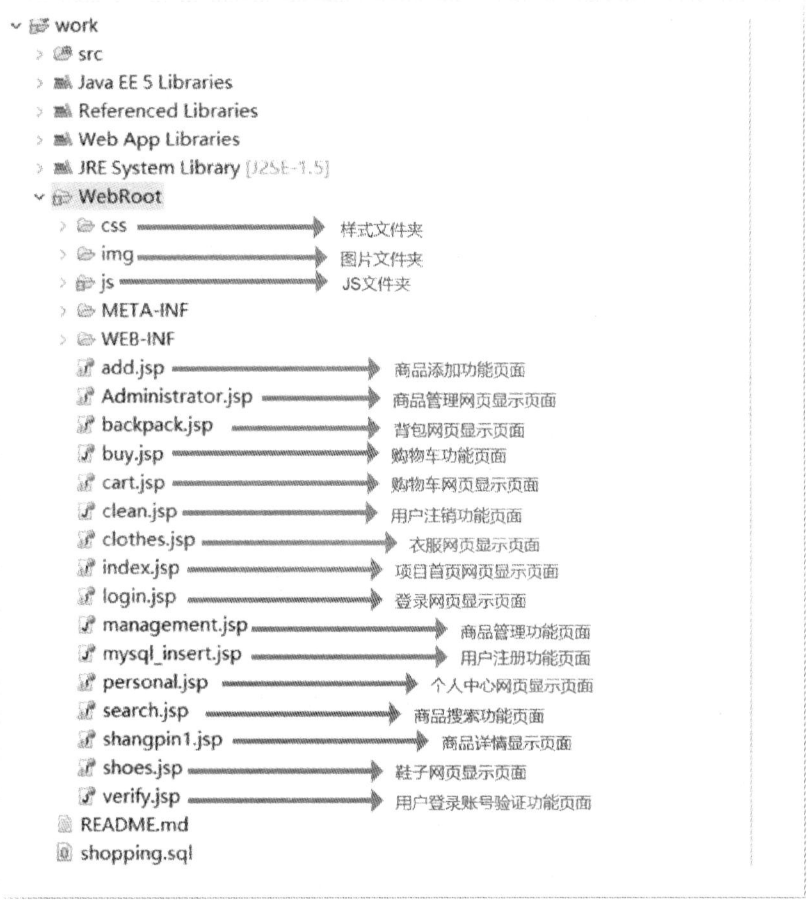

图 7-9　目录结构

7.1.3　项目依赖

时尚衣库项目搭建涉及一部分的数据库和文件流操作，在 Java 中我们需要引入对应的第三方包才能引用已经封装好的方法，因此在整个项目搭建前我们需要引入三个第三方包，分别为 commons-fileupload-1.3.3.jar 包、commons-io-2.6.jar 包和 mysql-connector-java-5.1.44-bin.jar 包，如图 7-10 所示。

其中 mysql-connector-java 包帮助我们构建与数据库的连接通道，commons-fileupload 包帮助我们完成文件与服务器的对接从而实现文件上传功能，commons-io 包帮助我们实现二进制流的使用。

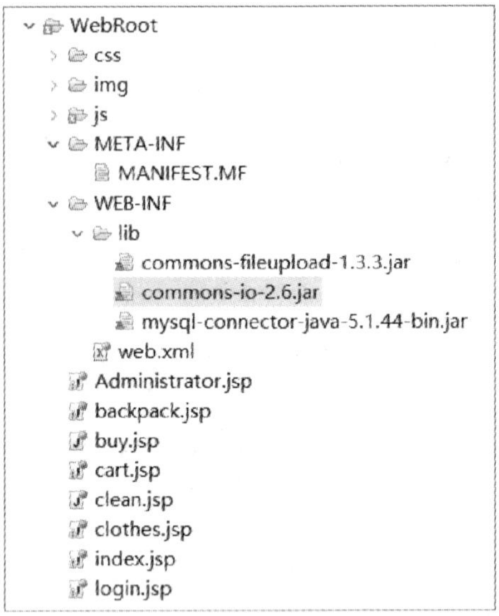

图 7-10　第三方包安装示意图

7.2　用户管理模块

7.2.1　总体描述

用户管理的主要目标是实现用户自主注册、登录，页面能够判断用户是否处于登录状态。

用户管理是整体项目的三大核心模块之一，实现了四个子功能(注册、登录、状态判定、注销)，由两个子页面组成：用户登录(注册)页面、个人中心页面。

(1) 模块结构。为了进一步细化和完善用户管理功能模块，我们对原有的功能结构图做了改进：用户注册模块下有三个子功能，用户登录模块下有两个子功能，状态判定模块下有一个子功能，用户注销模块下有两个子功能。具体子功能如图 7-11 所示。

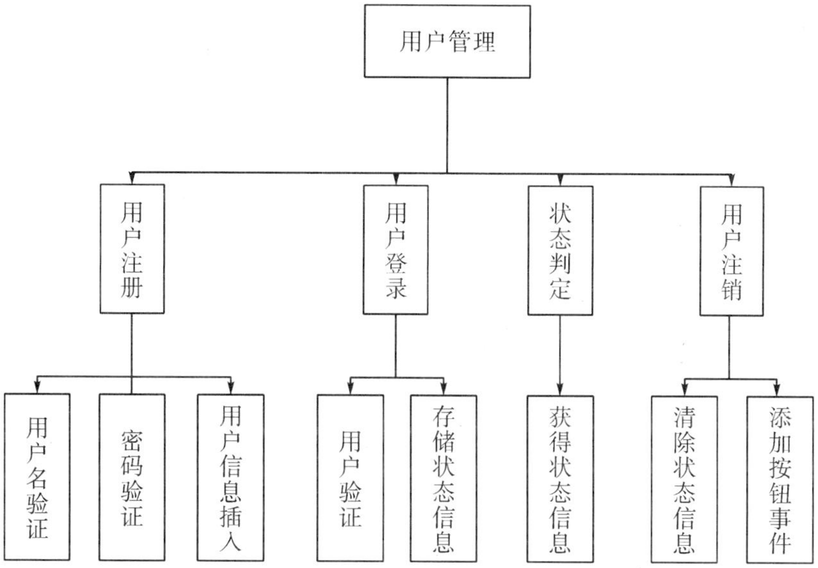

图 7-11　用户管理功能详情图

（2）模块业务流程。为了清晰地表达用户管理的业务功能模块，我们制作出用户管理的业务流程图，如图 7-12 所示。

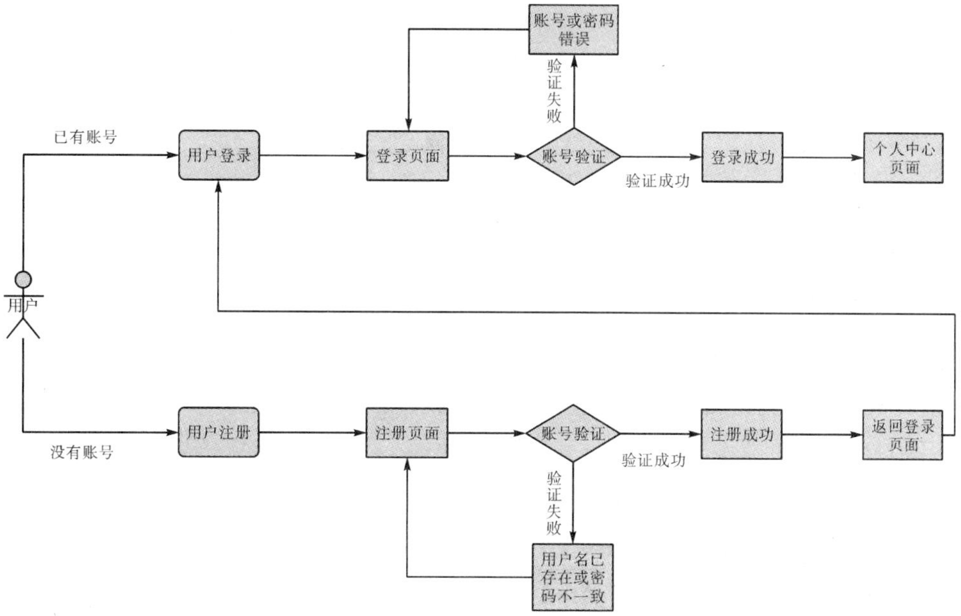

图 7-12　用户管理业务流程图

(3) 模块网页交换图。由于本项目子页面较多，为了清晰地了解用户管理模块网页间的交互效果，我们绘制出网页交互图(如图 7-13 所示)，网页整体交互流程按照 1~5 的序号进行。

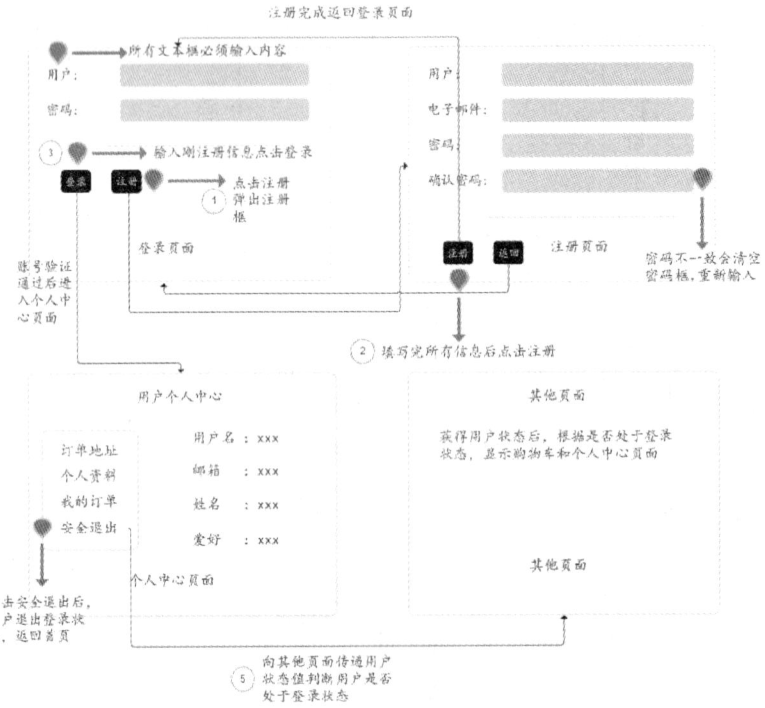

图 7-13 用户管理网页交互图

7.2.2 任务一：用户注册

【任务描述】

用户注册是很多网站都需要的基础功能，本任务就将介绍如何使用简单的 JSP 和数据库语言根据相关流程图搭建用户注册页面，实现用户注册功能。

【任务步骤】

(1)页面设计：根据图 7-14 所示的用户注册页面结构图，通过 HTML 和 CSS 搭建用户注册页面，用户注册页面较为简单，无须赘述。

(2)系统设计：在用户注册页面中，用户可以在输入用户名、密码、邮箱等内容后进行注册，注册成功后通过 JSP 语言写入预先在数据库中建立好的用户表，实现用户表更新。我们根据图 7-15 所示的用户注册流程图来搭建用户注册子系统。

(3)数据库设计：用户注册功能的实现需要相对应的在数据库中的用户表。用户注册表需要包含的内容：用户名、密码、邮箱地址。商品数据库用户表(user)界面如图 7-16 所示，用户表结构如表 7-1 所示。

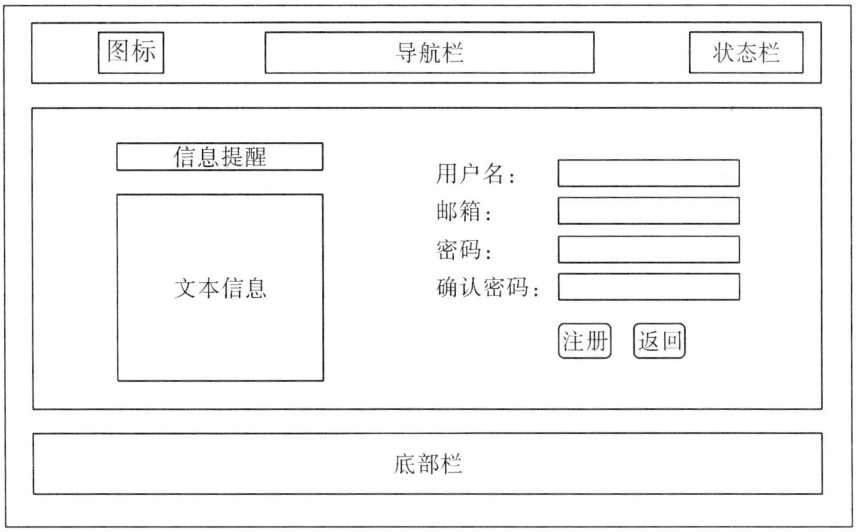

图 7-14 用户注册页面结构图

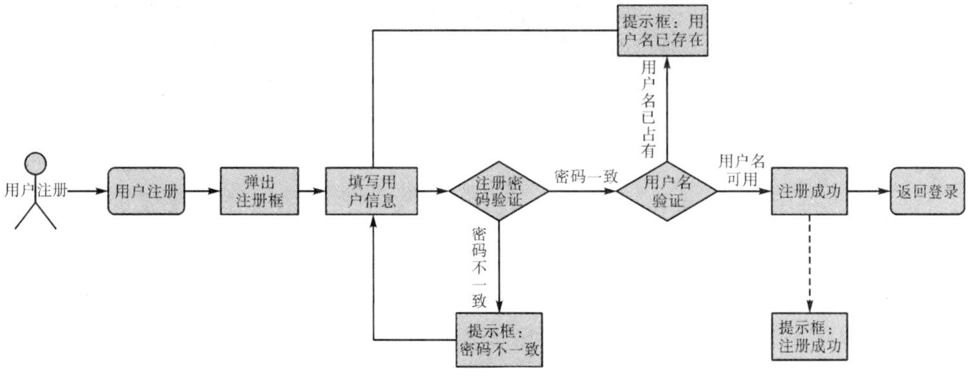

图 7-15 用户注册流程图

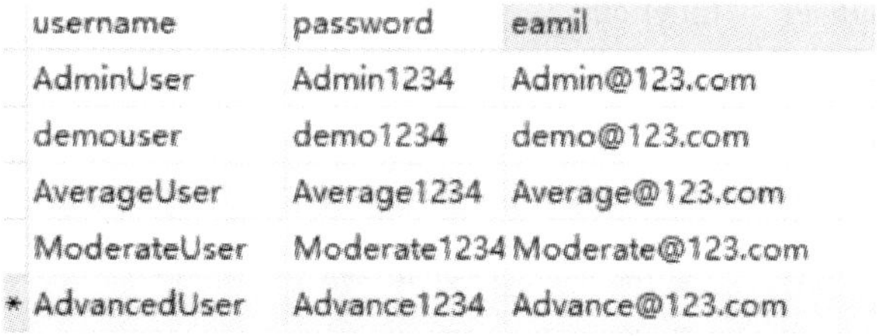

username	password	eamil
AdminUser	Admin1234	Admin@123.com
demouser	demo1234	demo@123.com
AverageUser	Average1234	Average@123.com
ModerateUser	Moderate1234	Moderate@123.com
* AdvancedUser	Advance1234	Advance@123.com

图 7-16 数据库用户表界面(user.sql)

表 7-1 用户表结构

字段	字段含义	字段类型
username	用户名	Varchar
password	用户密码	Varchar
eamil	邮箱地址	Varchar

【任务实现】

（1）页面设计。

①页面搭建：建立 web 文件夹，在 web 文件夹下创立三个子目录，分别为 css、img、js，对应存储文件。在 web 文件夹下创立 login.jsp。

②在 login.jsp 中添加代码(用户管理页面代码简单，无特别内容，此处省略)。实际页面如图 7-17 所示。

图 7-17　用户注册页面

（2）系统设计。

①功能拆分：根据用户注册流程图，可知在注册模板中有三个功能需要实现，即注册密码验证、用户名验证、写入数据库用户表。

②功能实现：功能被拆分为三个小块，根据语言的特性且以便捷性为原则，在用户注册功能模块中，用 JS 实现密码验证，用 JSP 实现用户名验证和写入数据库用户表。

③功能代码：

a. 密码验证：

```
window.onload = function() {
//onload 方法在页面执行完后，加载 JS 代码
var password = document.getElementById("pass");
//获得第一次输入的密码值
var password1 = document.getElementById("pass1");
//获得第二次输入的密码值
var i = document.getElementsByClassName("login");
//获得注册按钮的元素
i[1].onclick = function() {
    if (password1.value != password.value) {
//对比两次输入的密码是否相同
        alert("密码不一致，请重新输入密码");
        i.type = "button";
```

```
            password1.value = "";
            password2.value = "";
    //清空密码框
        } else {
            i.type = "submit";
        }
    };
    function back() {
        var oBtn = document.getElementById("a1");
        oBtn.onclick = function() {
            window.location.reload();
    //返回登录页面
        }
    }
    back(this);
    //执行 back 函数
}
```

代码实际运行效果如图 7-18。我们可明显看出用户在两个密码框中输入了不同的密码，所以系统弹出提示框，提醒用户密码不一致，需要重新输入。

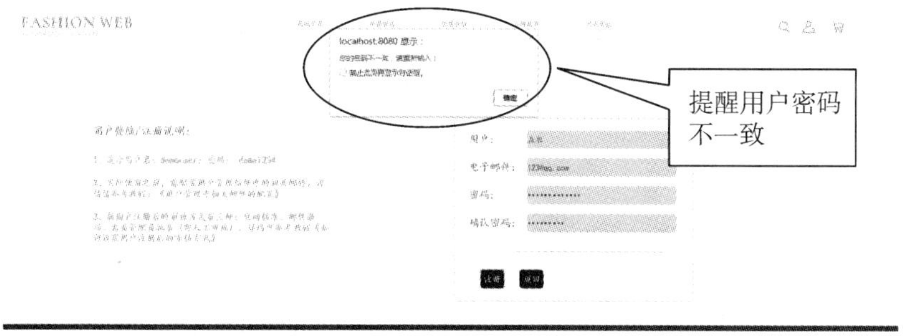

图 7-18　代码效果图

b. 用户名验证和写入数据库：

```
    //连接数据库
    String driverName = "com.mysql.jdbc.Driver";
    String url =
 "jdbc:mysql://localhost:3306/shopping? user=root&password=1234&useUnicode=true&characterEncoding=utf-8";
    Class.forName(driverName);
    Connection conn = DriverManager.getConnection(url);
    //获得传递的表单值(用户名、密码、邮箱)
```

```
    String username = request.getParameter("username");
    String password = request.getParameter("password");
    String eamil = request.getParameter("eamil");
    //存储获得传递的表单值(用户名、密码、邮箱)
    session.setAttribute("password", password);
    session.setAttribute("username", username);
    session.setAttribute("eamil", eamil);
    //判断用户名是否重复
    PreparedStatement pstat = conn.prepareStatement("select * from user where username=?");
    pstat.setString(1, username);
    ResultSet rs = null;
    rs = pstat.executeQuery();
    //如果用户名已存在，rs.next()则会返回空值
    if (rs.next()) {
        out.print("<script>alert(\"用户名已存在，请重新输入用户名\");window.history.go(-1);</script>");
    }
    //如果用户名不存在，插入用户信息到用户表
    else {
        out.print("<script>alert(\"注册成功!,请登录\");window.history.go(-1);</script>");
        String sql = "Insert into user(username,password,eamil) values(?,?,?)";
        pstat = conn.prepareStatement(sql);
        pstat.setString(1, username);
        pstat.setString(2, password);
        pstat.setString(3, eamil);
        pstat.executeUpdate();
        pstat.close();
    }
    //关闭数据库连接
    conn.close();
```

代码运行效果图如图 7-19。从图 7-19 中可知，用户输入了用户表中已经存在的用户名，系统通过代码判断后弹出提示框，提醒用户输入注册的用户名重复，需要重新输入，并刷新页面。

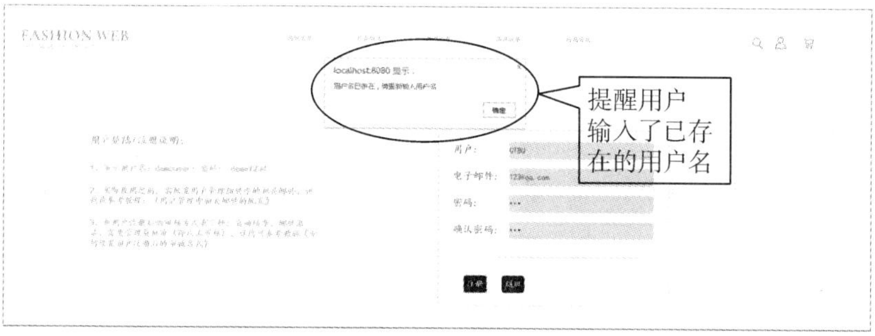

图 7-19　用户名验证功能实现图

7.2.3　任务二：用户登录

【任务描述】

用户登录是会员制网站必要的功能，是后续用户状态判断功能及购物车管理功能的前提。本任务就将介绍如何使用简单的 JSP 和数据库语言搭建用户登录页面，实现用户登录功能。

【任务步骤】

（1）页面设计：根据图 7-20 所示的用户登录页面结构图，通过 HTML 和 CSS 搭建用户注册页面，用户登录页面和注册页面相差不大。

（2）系统设计：在用户注登录页面中，用户可以将已注册的账号和密码输入文本框，系统在用户点击“登录”按钮后将数据与数据库用户表对应验证，如果账号和密码正确就跳转到个人中心页面，错误则返回提醒消息并刷新页面。我们以图 7-21 所示的用户登录流程图来搭建用户登录子系统。

（3）数据库设计：用户登录功能的实现需要与用户注册相对应的在数据库中的用户表（保证用户表的统一性才能进行用户信息对比）。用户表如图 7-22 所示。

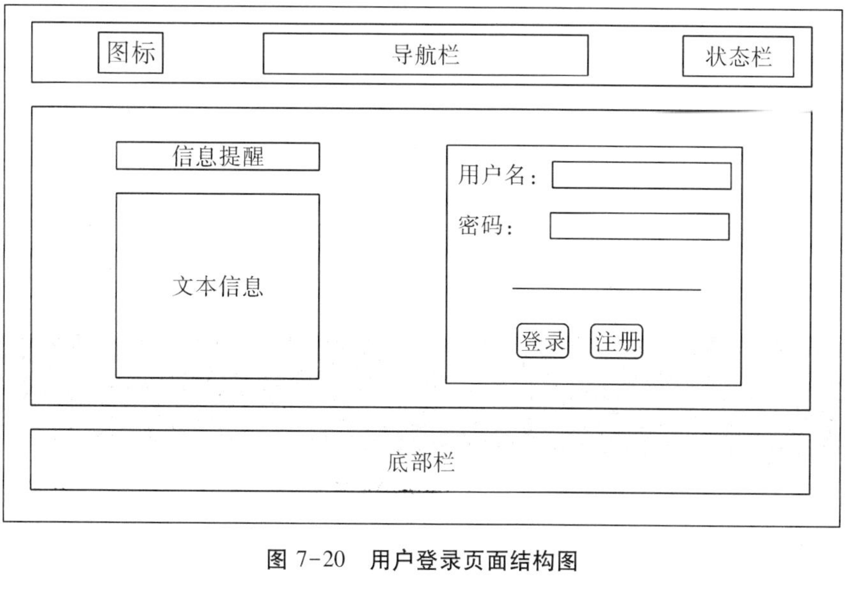

图 7-20　用户登录页面结构图

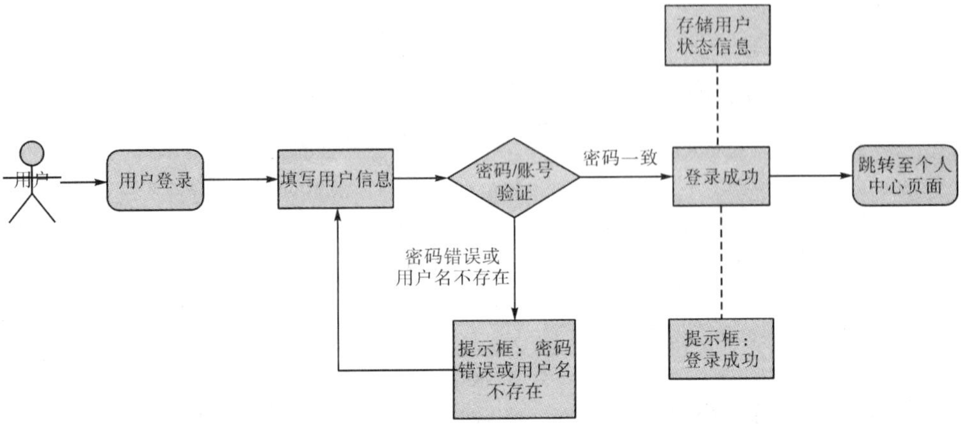

图 7-21　用户登录流程图

username	password	eamil
AdminUser	Admin1234	Admin@123.com
demouser	demo1234	demo@123.com
AverageUser	Average1234	Average@123.com
ModerateUser	Moderate1234	Moderate@123.com
* AdvancedUser	Advance1234	Advance@123.com

图 7-22　用户表

【任务实现】

（1）页面设计。

①页面搭建：与用户注册页面相同，同部署在 login.jsp 中。

②在 login.jsp 中添加代码（用户管理页面代码简单，无特别内容，此处省略）。实际页面如图 7-23 所示。

图 7-23　用户登录页面

(2)系统设计。

①功能拆分：根据用户登录流程图，可知在注册模板中有两个功能需要实现，即账号密码验证、存储用户状态。

②功能实现：功能被拆分为两个小块，根据语言的特性且以便捷性为原则，在用户登录功能模块中，用 JSP 实现账号密码验证以及存储用户状态功能。

③功能代码：

a. 账号密码验证。

```
String username = request.getParameter("username");
String password = request.getParameter("password");
//提取 login.html 传递过来的表单信息
String sql = "select * from user where username='" + username + "' and password='" + password + "'";
//与数据库中的用户表进行信息对比
Statement stmt = conn.createStatement();
ResultSet rs = stmt.executeQuery(sql);
if (rs.next()) {
//如果用户表存在对应信息,则执行 if 语句
    session.setAttribute("username", username);
    session.setAttribute("password", password);
    response.sendRedirect("personal.jsp");
}
else {
//用户信息对比不成功，提示密码或者用户名错误并返回登录页面
    out.print("<script>alert(\"密码或用户名错误\");window.history.go(-1);</script>");
}
```

代码实际运行效果如图 7-24。从图中可知，用户输入了正确的用户信息，系统将跳转进入个人中心页面。

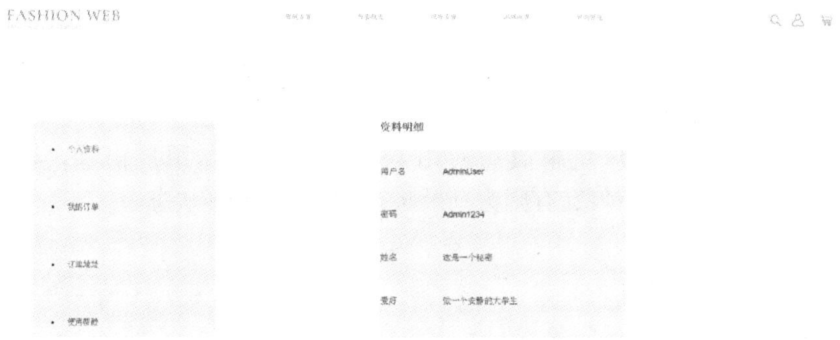

图 7-24　用户登录代码实现图

b. 存储用户状态信息。

```
if (rs.next()) {
//如果用户表存在对应信息,那么 rs.next 为非空值,执行 if 语句
    session.setAttribute("username", username);
    session.setAttribute("password", password);
//将对应用户名和密码储存为 session,作为其他页面判定用户是否登录的条件
    response.sendRedirect("personal.jsp");
}
```

7.2.4 任务三：用户状态判定

【任务描述】

用户状态判定是用户管理模块中的关键，用户是否登录，能否能使用购物车功能和进入个人中心，都是基于用户状态判定功能的实现。该功能不同于用户登录和注册需要基于具体的网页才能实现，用户状态判定主要由信息对比来进行功能实现。

【任务步骤】

系统设计：在用户登录后存储对应用户信息，在其他页面通过 JSP 代码来获取用户信息,如果有则判定用户已登录开放购物车等相关功能接口，如果没则关闭。我们根据图 7-25 所示的用户状态判定流程图来实现用户状态判定功能。

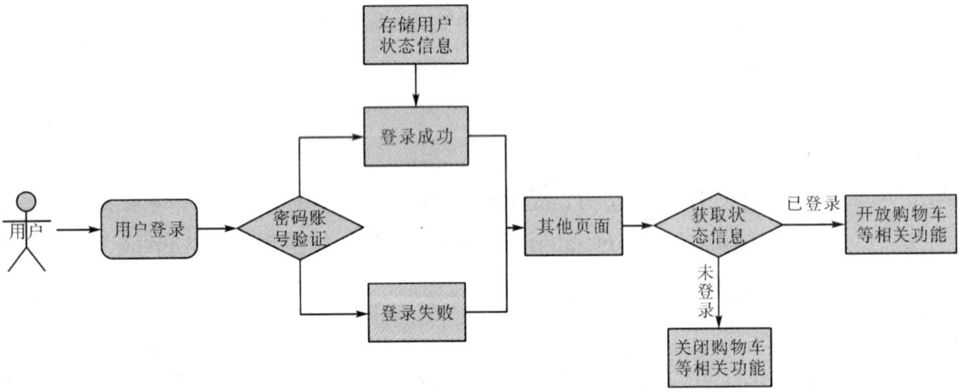

图 7-25　用户状态判定流程图

【任务实现】

(1)功能拆分：用户状态判定的实现要由两个部分组成，分别是用户登录后页面储存登录信息、其他页面获取登录信息。

(2)功能实现：在用户登录成功后用 session 对象储存用户信息，其他页面用 getsession 方法获取 session 对象,有则为登录状态，无则为游客状态。

(3)功能代码：

① 存储用户状态信息：

```
if (rs.next()) {
//如果用户表存在对应信息,则执行 if 语句
```

```
        session.setAttribute("username", username);
        session.setAttribute("password", password);
    //将对应用户名和密码储存为 session，作为其他页面判定用户是否登录的条件
        response.sendRedirect("personal.jsp");
    }
```

② 获取用户状态信息：

```
    String username = (String) session.getAttribute("username");
    //获取存储的用户信息并放入 username 字符串中
    if (username != null) {
    //username 不为空表示用户已登录，开放购物车等相关功能
        out.println("<input id=\"state\" value=\"1\" type=\"hidden\" >");
        out.println("<div id=\"login\">");
        out.println("<p>你已登录，进入个人中心</p>");
        out.println("<div></div>");
        out.println("</div>");
        out.println("<div id=\"cart\">");
        out.println("<p>点击进入购物车</p>");
        out.println("<div></div>");
        out.println("</div>");
    }
    else {
    //username 字符串为空表示用户未登录,没有存储用户状态的信息值，关闭购物车等相关功能并提醒用户未登录
        out.println("<div id=\"login\">");
        out.println("<p>你还没有登录，请先登录</p>");
        out.println("<div></div>");
        out.println("</div>");
        out.println("<div id=\"cart\">");
        out.println("<p>你还没有登录，请先登录</p>");
        out.println("<div></div>");
        out.println("</div>");
    }
```

代码实际运行效果如图 7-26 和图 7-27 所示。从图 7-26 中可知，在输入了正确的用户信息后，其他页面获得了用户已登录的状态信息，开放了购物车等相关功能。图 7-27 为用户未登录时关闭相关的功能效果图。

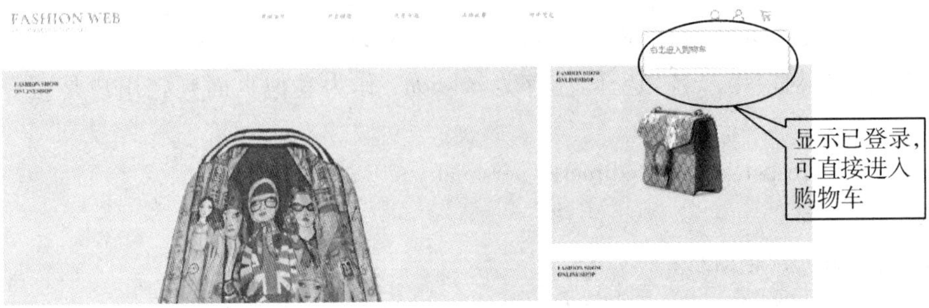

图 7-26　用户已登录效果图

图 7-27　用户未登录效果图

7.2.5　任务四：用户注销

【任务描述】

用户注销是用户管理中最后一个子功能，该功能的目的是实现用户注销，退出用户登录状态。

【任务步骤】

(1)页面设计：用户注销功能是基于个人中心页面来实现的，因此需要先构建个人中心页面。根据图 7-28 所示的用户个人中心页面结构图，通过 HTML 和 CSS 搭建用户个人中心页面。用户个人中心页面较为简单，无须赘述。

(2)系统设计：通过点击个人中心页面中的“安全退出”按钮，清空用户状况值。返回首页，并关闭购物车相关功能。我们根据图 7-29 所示的用户注销流程图来实现用户注销功能。

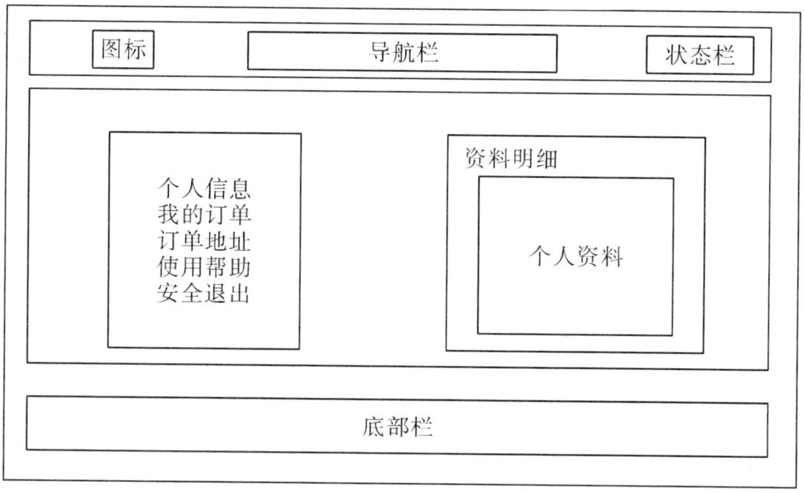

图 7-28 用户个人中心页面结构图

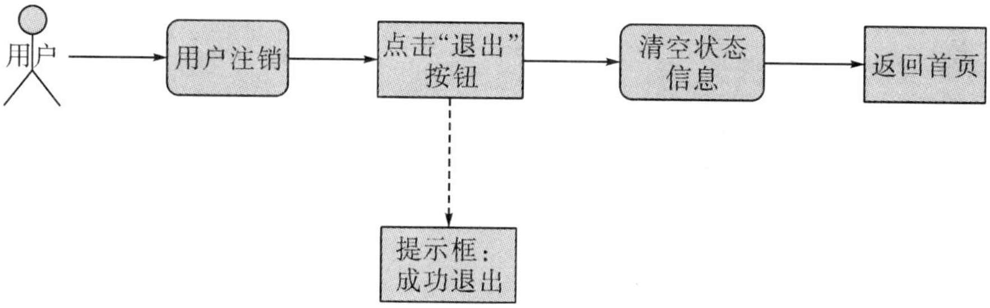

图 7-29 用户注销流程图

【任务实现】

（1）页面设计。

①页面搭建：在 web 文件夹下创立 person.jsp 文件。

②在 person.jsp 中添加代码(用户管理页面代码简单，无特别内容，此处省略)。实际页面如图 7-30 所示。

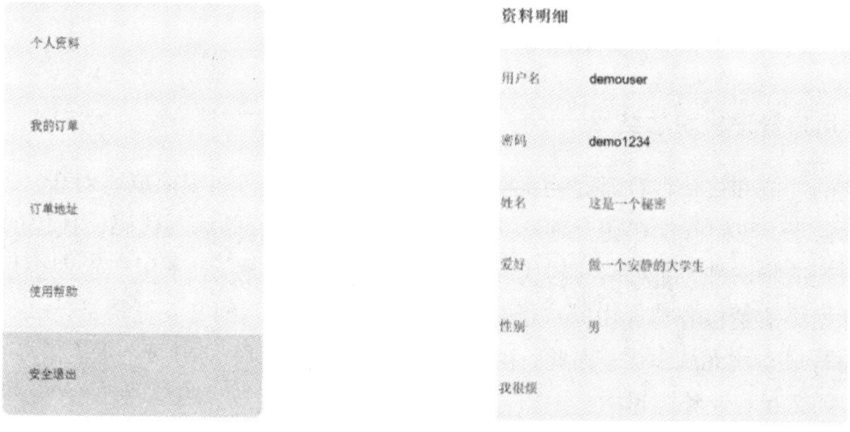

图 7-30 个人中心页面效果图

（2）系统设计。

①功能拆分：用户注销可拆分为 2 个小功能，分别为实现点击按钮跳转功能和清除 session 对象功能。

②功能实现：在用户进入个人中心页面后点击“安全退出”按钮，清除原本保存在浏览器的 session 对象，清除后返回首页。

③功能代码：

a. 点击跳转：

```
var clean = document.getElementById("clean");
//获取按钮元素
clean.onclick = function() {
//添加按钮点击事件
    window.location = "clean.jsp";
//实现跳转
}
```

b. 清除 session：

```
session.invalidate();
//清除浏览器中的 session 对象
out.print("<script>alert(\"成功退出\");window.location.href='index.jsp';</script>");
```

代码实际效果图如图 7-31 所示。

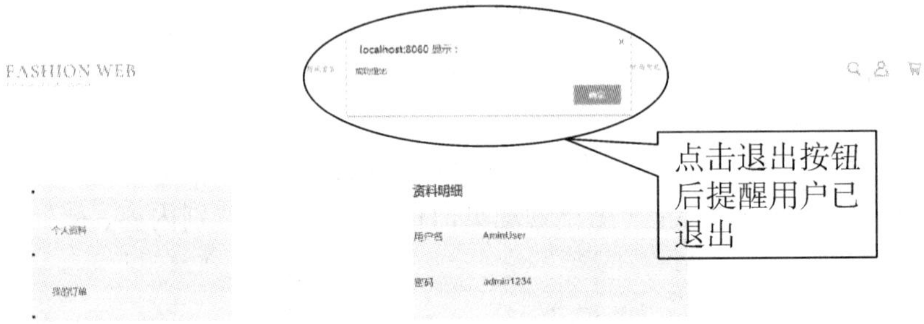

图 7-31　用户注销功能效果图

7.2.6　用户管理模块总结

复杂的功能和接口往往都是由无数简单的小功能组装和加工而成。对于一个模糊、不明确的需求，我们需要在完全理解功能和业务逻辑后才开始编写代码。代码的编写必须要有明确的目的性，随意编写的代码往往会导致系统崩溃。对于用户管理模块，我们如果一开始不清楚核心功能由哪些子功能构成以及页面之间的交互逻辑是什么，那么对模块的编写根本就无从下手。因此，我们在着手实现系统时，必须要有详细的功能结构划分、网页交互和业务逻辑图。

7.3 商品管理模块

7.3.1 总体描述

商品管理的主要目标是实现商品信息展示(能够显示出数据库中的商品信息)，以及用户自主搜索商品信息的功能。

商品管理是整体项目的三大核心模块之一，实现了四个子功能(商品展示、商品搜索、商品更新、商品下架)，由三个子页面组成，即商品详情页面、商品展示页面、商品搜索页面。

(1) 模块结构。在对商品管理功能模块的进一步细化和完善的基础上，商品展示被细分为获得和展示商品信息两个子功能，商品搜索被分为 DOM 操作和数据库查询两个子功能，具体子功能如图 7-32 所示。

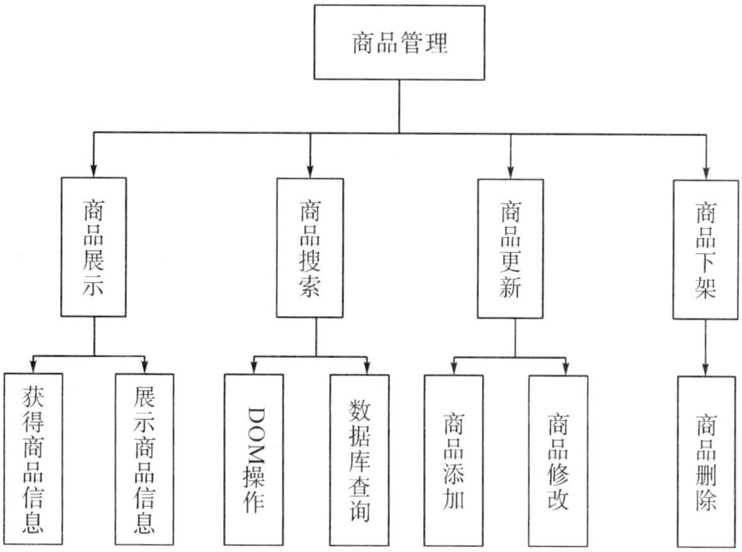

图 7-32 商品管理详情功能结构图

(2) 模块业务流程。为了清晰地表达商品管理的业务功能模块，我们绘制了商品管理的业务流程图，如图 7-33 所示。

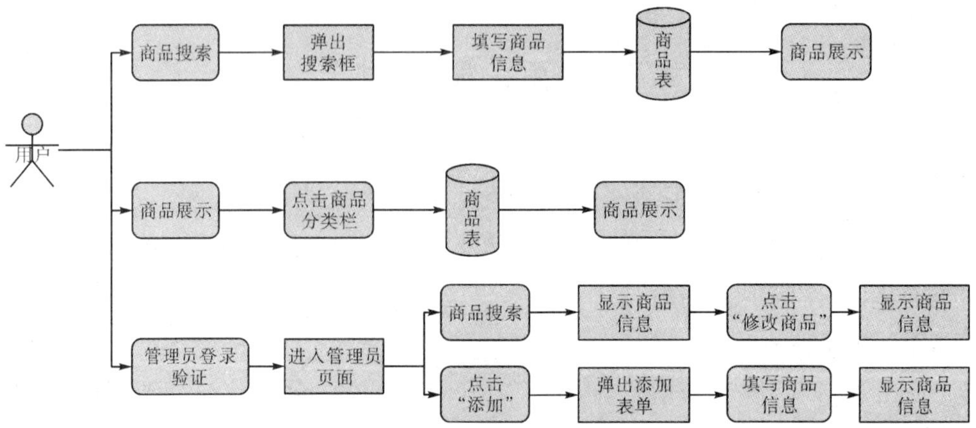

图 7-33　商品管理业务流程图

（3）模块页面交互。商品管理模块一共有四个子功能和三个子页面，为了厘清页面和功能之间的交互逻辑，我们绘制出商品管理模块网页交互图，如图 7-34 所示。

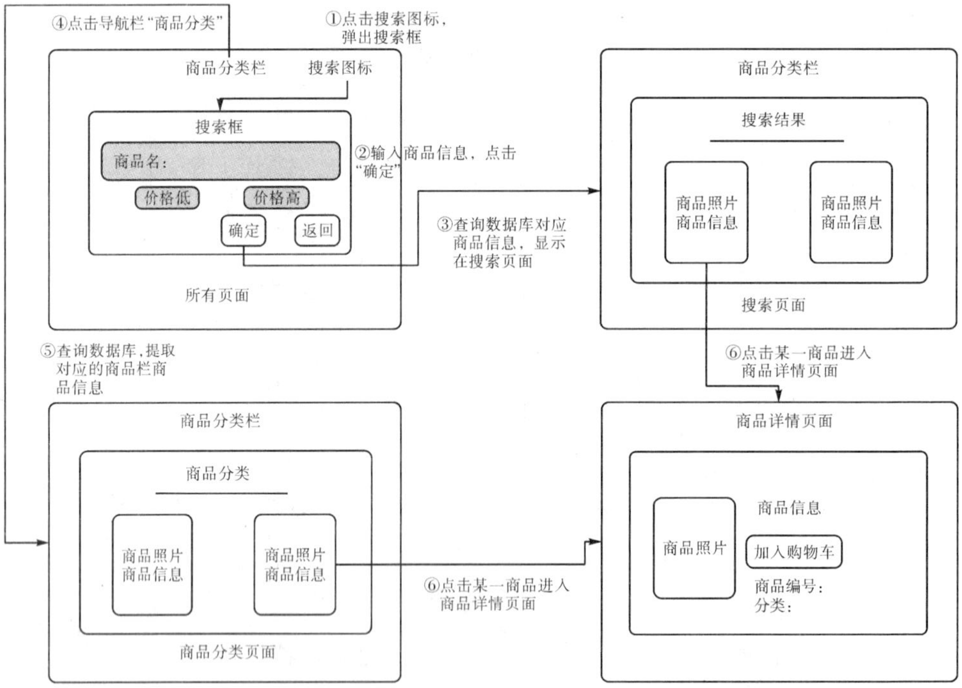

图 7-34　商品管理模块网页交互图

7.3.2　任务一：商品展示

【任务描述】

商品展示是商品管理的四个子功能之一。不同于基础的静态网页，一个完整的可操作的系统在网页上展示的内容是动态的，它会随着不同时期的需求而变化，因此要求网页能实时获取后台数据库的内容，并展示在网页中。

本任务就将介绍如何根据相关流程图，使用简单的 JSP 和数据库语言搭建商品展示功能的框架，实现商品展示功能。

【任务步骤】

(1)页面设计：根据图 7-35 所示的商品展示页面结构图，通过 HTML 和 CSS 来完成商品展示功能的页面设计。

(2)系统设计：在商品展示页面中，用户通过对商品分类栏中不同商品分类的点击进入对应的商品页面，商品页面再从数据库中获取对应的商品信息展示在网页中。我们根据图 7-36 所示商品展示流程图搭建商品展示功能模块。

(3)数据库设计：商品展示功能需要对应的数据库中的商品表，因此我们应该在总的数据库中建立商品表。商品表如图 7-37 所示，商品表数据结构如表 7-2 所示。

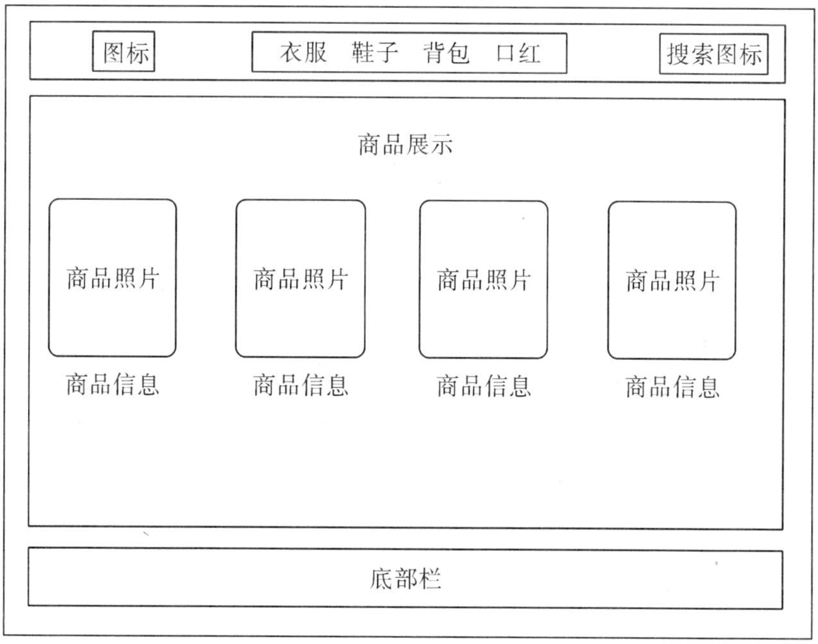

图 7-35　商品展示页面结构图

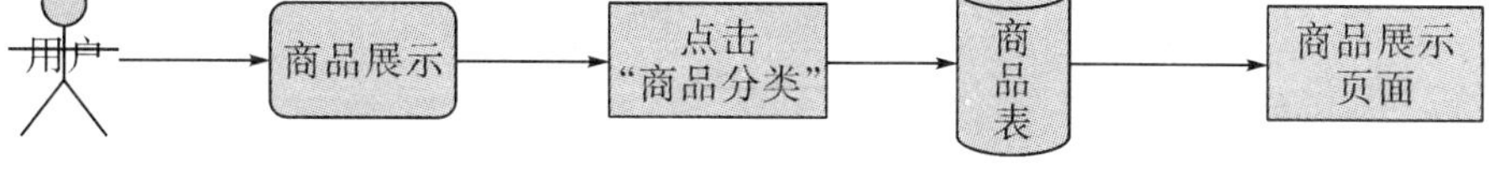

图 7-36　商品展示流程图

SP_NO	SP_NAME	SP_PRICE	SP_INFO	SP_PIC1	SP_PIC	SP_A
1001	Letchover 女士夹克	2695	bighead绝版夹克	img/1.1.jpg	img/1.jpg	show.jsp
1002	Letchover 女士夹克外套	2688	bighead绝版休闲夹克	img/1.2.jpg	img/2.jpg	show.jsp
1003	Letchover 女士夹克02	2399	bighead绝版花色夹克	img/1.3.jpg	img/3.jpg	show.jsp
1004	Letchover 女士夹克01	3400	bighead绝版休闲白色夹克	img/1.4.jpg	img/4.jpg	show.jsp
1005	Letchover 女士夹克	2695	bighead绝版油画夹克	img/1.5.jpg	img/5.jpg	show.jsp
1006	Letchover 女士夹克休闲01	3200	bighead绝版花色夹克	img/1.6.jpg	img/6.jpg	show.jsp
1007	Letchover女鞋009	2695	NIKE新式高跟鞋	img/1.7.jpg	img/xie1.jpg	show.jsp
1008	Letchover女鞋008	2695	NIKE新式高跟鞋	img/1.8.jpg	img/xie2.jpg	show.jsp
1009	Letchover女鞋005	2695	NIKE新式高跟鞋	img/1.9.jpg	img/xie3.jpg	show.jsp
1010	Letchover女鞋003	2695	NIKE新式高跟鞋	img/1.10.jpg	img/xie4.jpg	show.jsp
1011	Letchover女鞋002	2695	NIKE新式高跟鞋	img/1.11.jpg	img/xie5.jpg	show.jsp
1012	Letchover女鞋001	2695	NIKE新式高跟鞋	img/1.12.jpg	img/xie6.jpg	show.jsp
1013	Letchover女包006	2695	NIKE新式高跟鞋	img/1.13.jpg	img/bao1.jpg	show.jsp
1014	Letchover女包005	2695	NIKE新式高跟鞋	img/1.14.jpg	img/bao2.jpg	show.jsp
1015	Letchover女包004	2695	NIKE新式高跟鞋	img/1.15.jpg	img/bao3.jpg	show.jsp
1016	Letchover女包003	2695	NIKE新式高跟鞋	img/1.16.jpg	img/bao4.jpg	show.jsp
1017	Letchover女包002	2695	NIKE新式高跟鞋	img/1.17.jpg	img/bao5.jpg	show.jsp
1018	Letchover女包001	2695	NIKE新式高跟鞋	img/1.18.jpg	img/bao6.jpg	show.jsp

图 7-37　数据库商品表

表 7-2　商品表数据结构

字段	字段含义	字段类型
SP_NO	商品编号	Varchar
SP_NAME	商品名	Varchar
SP_PRICE	商品价格	Varchar
SP_INFO	商品信息	Varchar
SP_PIC1	商品图片地址	Varchar
SP_PIC	商品小图地址	Varchar
SP_A	商品单页连接	Varchar

【任务实现】

（1）页面设计。

①页面搭建：商品展示不同于之前的静态页面构建，它要求页面能够随着商品表商品信息的改变而改变。为了实现动态获取商品表信息的功能，我们运用 JSP 内嵌 HTML 标签的方式来搭建商品展示的整体网页。具体需要两步：预先把网页的样式设置好（包括它的类名），再通过 JSP 输出对应类名的 HTML 标签。

②在 web 文件下创建 clothes.jsp，在预先设定好的样式后添加 JSP 代码。

（2）系统设计。

①功能拆分：商品展示可拆分为获取数据库信息和展示商品信息两个功能。

②功能实现：通过点击不同的商品分类获取不同的商品编号区间，再通过 JSP 写入 SQL 语句搜寻不同商品区间的商品信息，最后由循环语句将获得的信息展示在页面中。

③功能代码：

```
String name, price, info, img, a, bm;
//将查询结果集的记录输出到页面上
```

```
while (rs.next()) {
//从当前记录中读取各字段的值
bm = rs.getString("SP_NO").trim();
name = rs.getString("SP_NAME").trim();
price = rs.getString("SP_PRICE").trim();
info = rs.getString("SP_INFO").trim();
img = rs.getString("SP_PIC").trim();
a = rs.getString("SP_A").trim();
//通过 JSP 输出 HTML 标签来匹配之前设置好的样式，同时在页面中输出信息
out.println("<div class=\"yifu\">");
//HTML 标签中的引号和 JSP 的引号有不同的意义，因此要用反斜符号进行转义
out.println("<div>");
out.println("<a href='" + a + "?bm=" + bm + "'>");
out.println("<img src='" + img + "'>");
out.println("</a>");
out.println("<p>" + info + "</p>");
out.println("</div>");
out.println("</div>");
}
```

在代码中通过 JSP 输出 HTML 标签到网页中需要注意引号转义和类名匹配。代码效果如图 7-38 所示。

图 7-38 商品展示效果图

7.3.3 任务二：商品搜索

【任务描述】

商品搜索是商品管理的四个子功能之一。用户想要在庞大的商品信息中精准地找到需求的商品，离不开商品搜索功能。

商品搜索是每一个购物网站都需要的基础功能，本任务就将介绍如何根据相关流程图使用简单的 JSP 和数据库语言搭建商品搜索框架，实现商品搜索功能。

【任务步骤】

(1) 页面设计：根据图 7-39 所示的商品搜索页面结构图，通过 HTML 和 CSS 来完成商品搜索功能的页面设计。

(2) 系统设计：在商品搜索页面中，用户点击搜索图标，弹出搜索框，输入商品信息进行精确查询，最后获得查询商品信息，如果没有搜索的商品信息则系统提示没有该商品。我们根据图 7-40 所示商品搜索流程图来完成系统设计。

(3) 数据库设计：商品搜索功能需要对应的数据库中的商品表，因此我们应该在总的数据库中建立商品表。本例使用的商品表各个字段数据类型如表 7-2 所示，我们在商品表中填入测试数据，如图 7-41 所示。

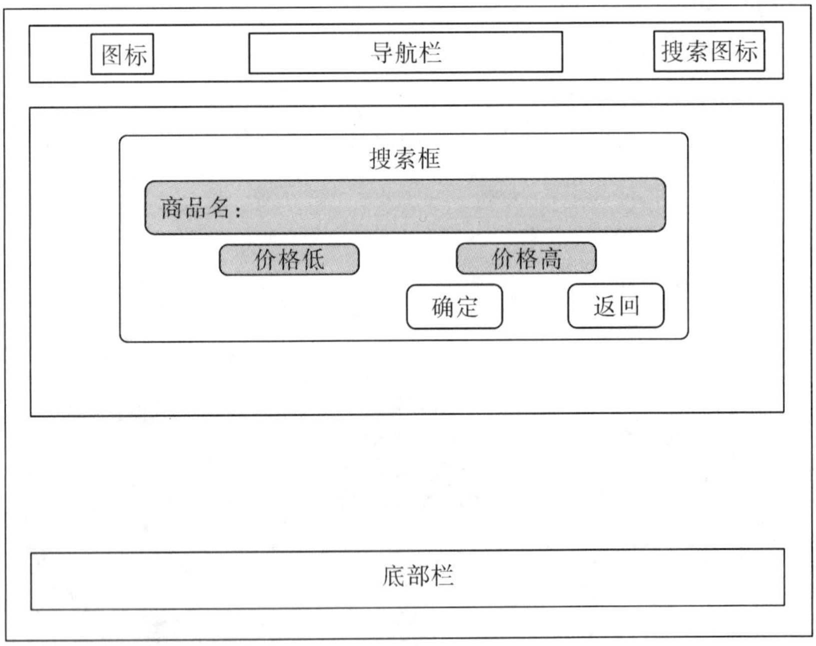

图 7-39 商品搜索页面结构图

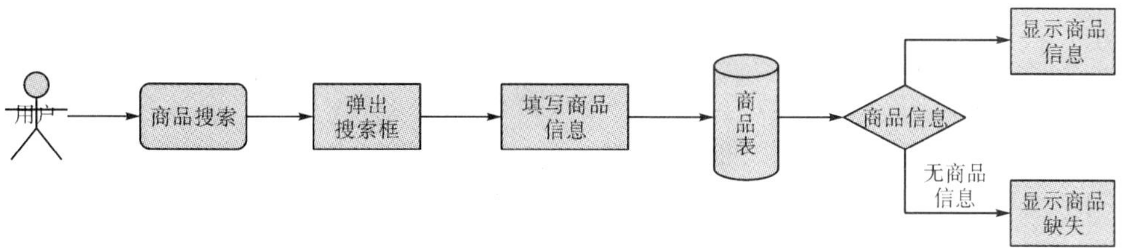

图 7-40 商品搜索流程图

SP_NO	SP_NAME	SP_PRICE	SP_INFO	SP_PIC1	SP_PIC	SP_A
1001	Letchover 女士夹克	2695	bighead绝版夹克	img/1.1.jpg	img/1.jpg	show.jsp
1002	Letchover 女士夹克外套	2688	bighead绝版休闲夹克	img/1.2.jpg	img/2.jpg	show.jsp
1003	Letchover 女士夹克02	2399	bighead绝版花色夹克	img/1.3.jpg	img/3.jpg	show.jsp
1004	Letchover 女士夹克01	3400	bighead绝版休闲白色夹克	img/1.4.jpg	img/4.jpg	show.jsp
1005	Letchover 女士夹克	2695	bighead绝版油画夹克	img/1.5.jpg	img/5.jpg	show.jsp
1006	Letchover 女士夹克休闲01	3200	bighead绝版花色夹克	img/1.6.jpg	img/6.jpg	show.jsp
1007	Letchover女鞋009	2695	NIKE新式高跟鞋	img/1.7.jpg	img/xie1.jpg	show.jsp
1008	Letchover女鞋008	2695	NIKE新式高跟鞋	img/1.8.jpg	img/xie2.jpg	show.jsp
1009	Letchover女鞋005	2695	NIKE新式高跟鞋	img/1.9.jpg	img/xie3.jpg	show.jsp
1010	Letchover女鞋003	2695	NIKE新式高跟鞋	img/1.10.jpg	img/xie4.jpg	show.jsp
1011	Letchover女鞋002	2695	NIKE新式高跟鞋	img/1.11.jpg	img/xie5.jpg	show.jsp
1012	Letchover女鞋001	2695	NIKE新式高跟鞋	img/1.12.jpg	img/xie6.jpg	show.jsp
1013	Letchover女包006	2695	NIKE新式高跟鞋	img/1.13.jpg	img/bao1.jpg	show.jsp
1014	Letchover女包005	2695	NIKE新式高跟鞋	img/1.14.jpg	img/bao2.jpg	show.jsp
1015	Letchover女包004	2695	NIKE新式高跟鞋	img/1.15.jpg	img/bao3.jpg	show.jsp
1016	Letchover女包003	2695	NIKE新式高跟鞋	img/1.16.jpg	img/bao4.jpg	show.jsp
1017	Letchover女包002	2695	NIKE新式高跟鞋	img/1.17.jpg	img/bao5.jpg	show.jsp
1018	Letchover女包001	2695	NIKE新式高跟鞋	img/1.18.jpg	img/bao6.jpg	show.jsp

图 7-41 填入测试数据的商品表

【任务实现】

（1）页面设计。

①页面搭建：商品搜索作为功能模块部署在全部页面中，因此将页面代码放置在所有页面的头部区域 head 标签中。根据商品搜索流程图，当用户点击搜索图标时弹出搜索框，点击搜索框中的返回按钮时隐藏搜索框，简单而言就是对元素的 display 属性进行动态控制。这涉及 HTML 中的 DOM 和事件添加，以下代码展示如何实现对 display 元素的动态控制和添加事件。

②在 js 文件夹中创建 common.js。在 HTML 中提前把搜索框和背景蒙版的 display 属性设置为 none。

③代码实现：

在 common.js 中添加以下代码：

```
window.onload = function() {
var open = document.getElementById("search");
//获得搜索框的元素
var background = document.getElementById("background");
//获得背景蒙版的元素
var disappear = document.getElementById("disappear");
```

```
//获得图标元素
var click = document.getElementsByClassName("click");
//获得搜索图标的元素
click[0].onclick = function() {
//为搜索图标添加点击事件
open.style.display = "block";
//搜索框出现
background.style.display = "block";
//背景蒙版出现
disappear.style.display = "none";
//导航图标隐藏
    };
}
```

商品搜索主页面如图 7-42 所示。当用户点击搜索图标时弹出搜索框，点击“返回”时隐藏搜索框。

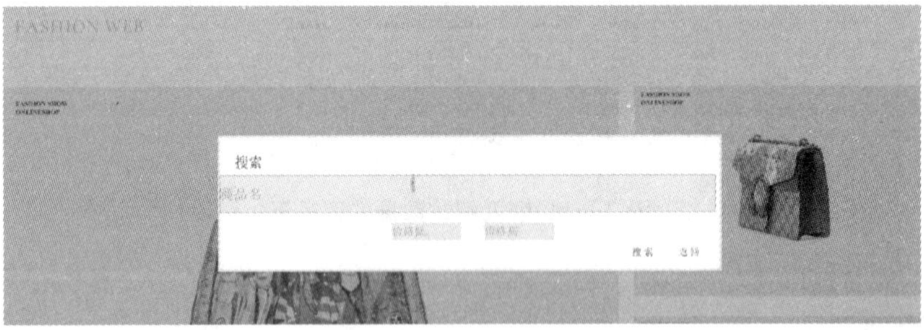

图 7-42　商品搜索主页面

（2）系统设计。

①功能拆分：商品搜索可拆分为搜索商品信息和商品信息展示两个功能。

②功能实现：通过将搜索表单中传递的商品信息与数据库中的商品信息进行对比，运用 if 语句实现多条件的模糊查询，有则输出在搜索页面中，无则提醒用户没有该商品。

③功能代码：

在 web 文件夹下创建 search.jsp 文件。

a. 搜索商品信息。

```
String NAME = request.getParameter("SP_NAME");
String PRICE = request.getParameter("SP_PRICE");
String PRICE1 = request.getParameter("SP_PRICE1");
//从表单获得商品信息
String sql = "select * from shop WHERE SP_NAME LIKE '%" + NAME + "%'";
if (PRICE == null || PRICE1 == "") {
```

```
sql += " ;" ;
}
else {
sql += " and SP_PRICE>=" + PRICE + " and SP_PRICE<=" + PRICE1 + " ;" ;
}
//用 if else 语句实现多条件的模糊查询
PreparedStatement pstmt = conn.prepareStatement( sql) ;
ResultSet rs = pstmt.executeQuery( sql) ;
```

b. 商品信息展示代码同任务一商品展示的相关代码相同,此处省略。

代码整体效果如图 7-43 所示。用户在输入搜索的相关信息后,点击“搜索”按钮,跳出的搜索结果如图 7-44。

图 7-43 商品搜索对话框

图 7-44 商品搜索效果图

7.3.4 任务三：商品更新

【任务描述】

商品更新是商品管理的四大子功能之一。商品更新不同于之前的商品展示和商品搜索。在一般的电商系统中，商品更新功能需要一定的权限才能使用。在时尚衣库中，商品更新和商品下架都是需要登录管理员认证账号后才会开放的功能接口。

商品更新是每一个购物网站都需要的基础功能，本任务就将介绍如何根据相关流程图使用简单的 JSP 和数据库语言搭建商品更新框架，实现商品更新功能。

【任务步骤】

(1) 页面设计：根据图 7-45 所示的商品搜索页面，通过 HTML 和 CSS 来完成商品搜索功能的页面设计。

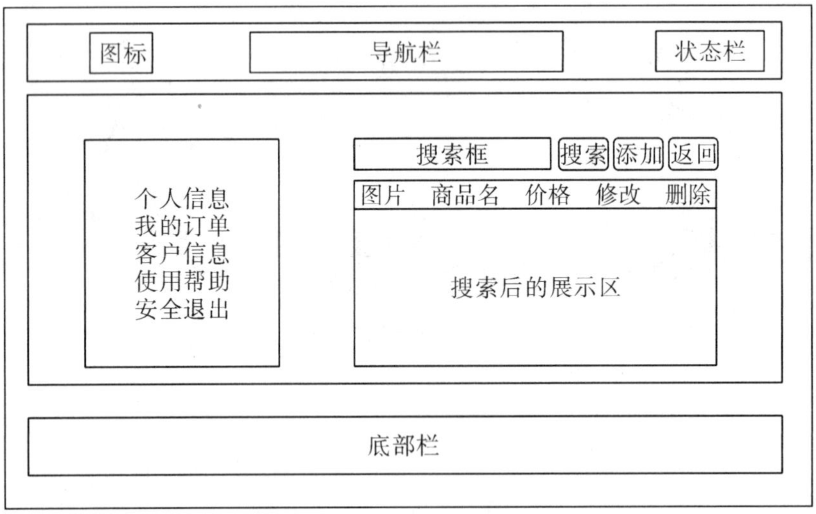

图 7-45 商品搜索页面结构图

(2) 系统设计：在商品更新页面中，用户首先要通过输入对应的管理员账号和密码进入商品更新页面，再通过点击“搜索”功能框搜索需要修改或下架的商品名，在展示区中点击“修改”按钮修改商品信息。如果需要添加新的商品，用户需点击“添加”按钮弹出添加商品的表单，在完善商品信息后点击“提交”完成商品添加。我们根据图 7-46 所示商品更新流程图来完成系统设计。

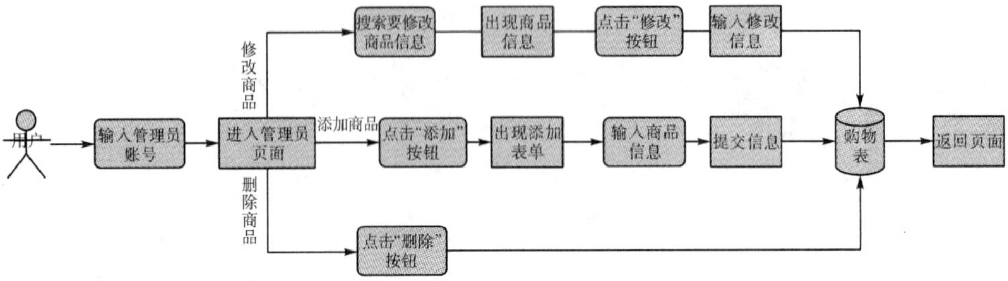

图 7-46 商品更新流程图

(3)数据库设计：商品搜索功能需要对应的数据库中的商品表。商品表的创建已在任务一商品展示一节详细描述，此处省略。

【任务实现】

(1) 页面设计。

页面搭建：在商品更新页面中，商品展示区域实际有两个表单，分别为搜索展示表单和添加输入表单，因此在最初的 HTML 样式中要将添加输入表单的 display 属性设置为 none，利用 JS 实现点击对应按钮时显示对应的表单。根据商品更新的页面设计图搭建页面。

(2) 系统设计。

①功能拆分：商品更新功能可拆分为商品添加和商品修改两个子功能。

②功能实现：将整体功能模块划分为两个子功能。第一个子功能为商品添加。不同于以往的表单提交，商品添加子功能涉及将图片提交到服务器，我们在安装好对应的包后，让对应的表单使用二进制格式上传，再通过相应的业务逻辑页面获得上传的文件信息，将二进制文件解析为正常的图片格式后写入服务器，然后将商品信息插入 shop 表中。第二个为商品修改功能。我们对文本框添加监听事件，将实时修改的值传入业务逻辑页面，然后更新对应的商品信息。

③功能代码：

在 web 文件夹下创建 Administrator.jsp 和 add.jsp 文件。

a. 商品添加。

在 js 文件中创立 admin.js 文件,添加以下代码：

```
window.onload = function() {
//用户注销
var clean = document.getElementById("clean");
clean.onclick=function(){
window.location="clean.jsp";
}
//获得需要操作的 DOM 元素
let btn2 = document.getElementById('btn1')
let btn1=document.getElementById('btn')
let btn3=document.getElementById('btn2')
let change=document.getElementsByClassName('onChange')
let table=document.getElementById('tableOne')
let tableTwo=document.getElementById('tableTwo')
let price=document.getElementsByClassName('price')
//点击按钮显示对应的表单
btn2.onclick=function(){
   table.style.display='none'
   tableTwo.style.display='block'
```

```
}
btn3.onclick=function(){
   table.style.display='block'
   tableTwo.style.display='none'
}
for(let i=0;i<change.length;i++){
    change[i].onclick=function(){
    price[i].style.display="block"
    change[i].style.display="none"
    }
}

let btn=document.getElementById('btnSubmit');
let form =document.getElementById('tableTwo');
let inputs =form.getElementsByTagName('input');
//动态修改传递的 url 信息
btn.onclick=function(){
   let url= getUrl();
   form.action= url;
}
let cleanButton = inputs[4];
cleanButton.onclick = cleanInputs;
function updatePrice(id,price){
   var url = "management.jsp? option=update&id="+id+"&price="+price;
   window.location = url;
}
//getUrl 函数获得添加表单中其他的商品信息，并把这些信息作为参数通过
 url 方法传递给 add.jsp 业务页面
function getUrl(){
   let name = inputs[1].value;
   let info = inputs[2].value;
   let price = inputs[3].value;
   let url = "add.jsp? &name="+name+"&info="+info+"&price="+price;
   return url;
}
//cleanInput 函数实现一键清空功能
function cleanInputs (){
   inputs[0].value = '';
```

```
    inputs[1].value = '';
    inputs[2].value = '';
    inputs[3].value = '';
  }
}
```

在 add.jsp 文件中添加以下代码：

```
ServletInputStream sin = request.getInputStream();
//设置缓冲区，避免一次性文件传入过多造成服务器堵塞
byte[] buffer = new byte[1024 * 8];
int length = 0, row = 0;
String mark = "";
String filename = "";
//获得被转化为二进制的图片信息
while ((length = sin.readLine(buffer, 0, buffer.length)) > 0) {
String s = new String(buffer, 0, length, "UTF-8");
if (row == 0)
   mark = s.trim();
 else if (s.indexOf("filename=") > 0) {
 int end = s.lastIndexOf("\"");
   int start = s.substring(0, end).lastIndexOf("\"");
 filename = s.substring(start + 1, end);
   } else if ("".equals(s.trim()))
   break;
 row ++;
}
//设置图片的正确存放位置的路径
String PathPic= "img/" + filename;
filename = request.getRealPath("/") + "img/" + filename;
FileOutputStream fout = new FileOutputStream(filename);
while ((length = sin.readLine(buffer, 0, buffer.length)) > 0) {
   String s = new String(buffer, 0, length);
    if (s.startsWith(mark))
         break;
   fout.write(buffer, 0, length);
}
fout.flush();
fout.close();
File f = new File(filename);
```

```
//从参数中获取其他的商品信息
String NAME = request.getParameter("name");
//解决中文乱码问题
NAME = new String(NAME.getBytes("iso-8859-1"),"utf-8");
String PRICE = request.getParameter("price");
String INFO = request.getParameter("info");
INFO = new String(INFO.getBytes("iso-8859-1"),"utf-8");
String A = "shangpin1.jsp";
String PIC = PathPic;
//从上面的相对路径获得图片在文件夹中的位置
String PIC1 = PathPic;
String IMG = PathPic;
String driverName = "com.mysql.jdbc.Driver";
String url = "jdbc:mysql://localhost:3306/shopping? user=root&password=&useUnicode=true&characterEncoding=utf-8";
Class.forName(driverName);
Connection conn = DriverManager.getConnection(url);
PreparedStatement pstat = conn.prepareStatement("select * from shop where SP_NAME=?");
pstat.setString(1, NAME);
ResultSet rs = null;
rs = pstat.executeQuery();
//检查商品是否已存在
if (rs.next()) {
      out.print("<script>alert(\"商品已存在，请重新输入商品\");window.history.go(-1);</script>");
} else {
      out.print("<script>alert(\"添加成功!,请返回\");window.history.go(-1);</script>");
//将商品信息插入数据库中的商品表
String sql = "Insert into shop(SP_NAME,SP_PRICE,SP_INFO,SP_PIC1,SP_PIC,SP_A,IMG)values(?,?,?,?,?,?,?)";
pstat = conn.prepareStatement(sql);
pstat.setString(1, NAME);
pstat.setString(2, PRICE);
pstat.setString(3, INFO);
pstat.setString(4, PIC1);
```

```
pstat.setString(5, PIC);
pstat.setString(6, A);
pstat.setString(7, IMG);
pstat.executeUpdate();
pstat.close();
}
//关闭数据库连接
conn.close();
```

b. 商品修改。

```
if (option.equals("update")){
   int id = Integer.parseInt(request.getParameter("id"));
   double price=Double.parseDouble(request.getParameter("price"));
   sql = "update shop set SP_PRICE =? where SP_NO=?";
   pstat = conn.prepareStatement(sql);
   pstat.setString(1,new Double(price).toString());
   pstat.setInt(2,id);
   pstat.executeUpdate();
   pstat.close();
//关闭数据库连接
   conn.close();
//重定向到购物车页面
response.sendRedirect("Administrator.jsp");
}
```

代码整体效果如图 7-47 所示。在输入添加的商品的相关信息后点击“提交”按钮，显示添加成功。

图 7-47　商品添加页面效果图

同时，在项目数据库中通过 navcat 可发现对应商品表已经成功添加了输入的商品信息(GUCCI 裙子)，如图 7-48 所示。

1011	Letchover女鞋002	2695	NIKE新式高跟鞋	img/1.11.jpg	img/xie5.jpg	shangpin
1012	Letchover女鞋001	3600	NIKE新式高跟鞋	img/1.12.jpg	img/xie6.jpg	shangpin
1013	Letchover女包006	4000	GUCCI春季新包	img/1.13.jpg	img/bao1.jpg	shangpin
1014	Letchover女包005	2695	KATE 秋季新款	img/1.14.jpg	img/bao2.jpg	shangpin
1015	Letchover女包004	5020	GUCCI春季新包	img/1.15.jpg	img/bao3.jpg	shangpin
1016	Letchover女包003	5400	CK 春款	img/1.16.jpg	img/bao4.jpg	shangpin
1017	Letchover女包002	4999	KATE 秋季新款	img/1.17.jpg	img/bao5.jpg	shangpin
1018	Letchover女包001	2695	NIKE新式高跟鞋	img/1.18.jpg	img/bao6.jpg	shangpin
1048	GUCCI裙子	6000	春季新款	img/timg.jpg	img/timg.jpg	shangpin

图 7-48　商品表效果图

在商品添加过程中，对于表单参数的获取我们没有使用传统的 request.get 方法。该表单涉及图片文件的上传，因此我们使用了二进制流的方式传递参数。在表单使用二进制流传递后，再使用 request 方法就无法获得参数，需要把二进制流的数据转化为相应的字符编码，所以在除图片的其他参数传递时，我们使用了 url 传值的方式避开了参数的二进制化，让业务逻辑页面可以直接获得参数。

7.3.5　任务四：商品删除

【任务描述】

商品删除是商品管理的四大子功能之一，是管理员功能模块的基础拼图。对于商品删除，我们需要实现点击“删除商品”后，对应商品信息在商品表中删除，并同步删除购物表中的对应信息的功能。

本任务就将介绍如何根据相关流程图使用简单的 JSP 和数据库语言搭建商品删除功能的框架，实现商品删除功能。

【任务步骤】

(1)页面设计：整体的管理模块网页展现层都集中在一个页面上(Administrator.jsp)因此不再绘制对应的网页设计图，具体参考 7.3.4 任务三中的商品搜索页面结构图。

(2)系统设计：用户在完成商品添加后，每个商品后面都会出现一个“删除商品”的按钮，在点击“删除商品”后，通过页面 url 传值的方式向总业务逻辑层 management.jsp 传递业务代码(delete)，management.jsp 页面获取到传递的业务代码和商品信息后执行 delete 操作更改 SQL 语句从而删除购物表中对应商品信息，完成删除商品操作。具体业务流程如图 7-49 所示。

(3)数据库设计：购物车管理功能模块整体只涉及一个表——商品表，具体实现参考 7.3.1 中的内容，此处省略。

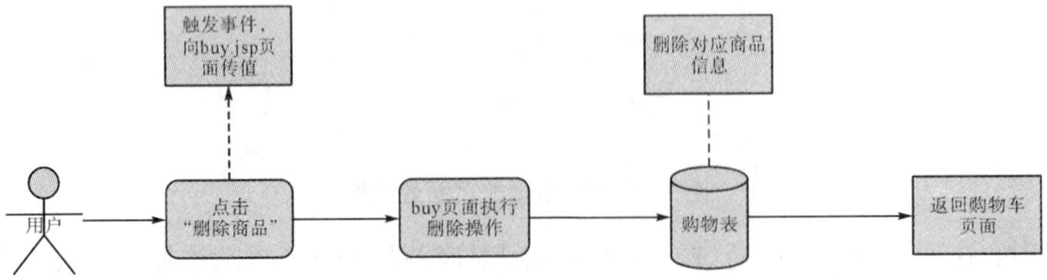

图 7-49　商品删除业务流程图

【任务实现】

（1）页面设计。

①页面搭建：建立 web 文件夹，在 web 文件夹下创立三个子目录，分别为 css、img、js,对应存储文件。在 web 文件夹下创立 management.jsp。

②在 management.jsp 中添加代码(购物车页面代码简单，无特别内容，此处省略)。页面实际效果图参考 7.4.2 中的内容。

（2）系统设计。

①功能拆分：根据商品删除流程图，商品删除功能可拆分为两个子功能，即页面传值功能和商品删除功能。

②功能实现：首先在商品展示区用<a>标签包裹删除商品按钮，通过 url 传值的方式，在用户点击“删除商品”按钮后跳转并传递参数到 buy.jsp 业务处理页面。buy.jsp 页面通过传递的参数实现商品删除功能。

③功能代码：在 buy.jsp 中添加代码。

a. 页面传值功能。

```
//将删除商品用<a>标签包裹并使用？符号传递业务代码(del)和商品编号
out.println("<td><a href='buy.jsp? op=del&id="+id+"'>删除商品</a></td>");
```

b. 商品删除功能。

```
//如果业务代码为 del,执行 if 语句块
if (op.equals("del")){
   int id = Integer.parseInt(request.getParameter("id"));
//更改 SQL 语句,删除购物表中对应商品编号的商品信息
sql = "delete from cart where SP_NO=?";
   pstat = conn.prepareStatement(sql);
   pstat.setInt(1,id);
   pstat.executeUpdate();
   pstat.close();
//关闭数据库连接
conn.close();
//重定向到购物车页面
response.sendRedirect("cart.jsp");
}
```

代码实际效果图如图 7-50 所示。从图中可知,我们删除了 GUCCI 包这个商品，同时通过 MySQL 可视化工具 navcat 查看 shopping 数据库中的 shop 表发现 GUCCI 包信息已消失(对比如图 7-51、图 7-52 所示)，数据库中的商品表的对应信息也被删除了。

图 7-50　商品下架效果图

1010	Letchover女鞋003	2695	NIKE新式高跟鞋	img/1.10.jpg	img/xie4.jpg	shangpin
1011	Letchover女鞋002	2695	NIKE新式高跟鞋	img/1.11.jpg	img/xie5.jpg	shangpin
1012	Letchover女鞋001	3600	NIKE新式高跟鞋	img/1.12.jpg	img/xie6.jpg	shangpin
1013	Letchover女包006	4000	GUCCI春季新包	img/1.13.jpg	img/bao1.jpg	shangpin
1014	Letchover女包005	2695	KATE 秋季新款	img/1.14.jpg	img/bao2.jpg	shangpin
1015	Letchover女包004	5020	GUCCI春季新包	img/1.15.jpg	img/bao3.jpg	shangpin
1016	Letchover女包003	5400	CK 春款	img/1.16.jpg	img/bao4.jpg	shangpin
1017	Letchover女包002	4999	KATE 秋季新款	img/1.17.jpg	img/bao5.jpg	shangpin
1018	Letchover女包001	2695	NIKE新式高跟鞋	img/1.18.jpg	img/bao6.jpg	shangpin
1051	GUCCI包	5656	春季新款	img/GUCCI.jpg	img/GUCCI.jpg	shangpin

图 7-51　商品下架前数据库效果图

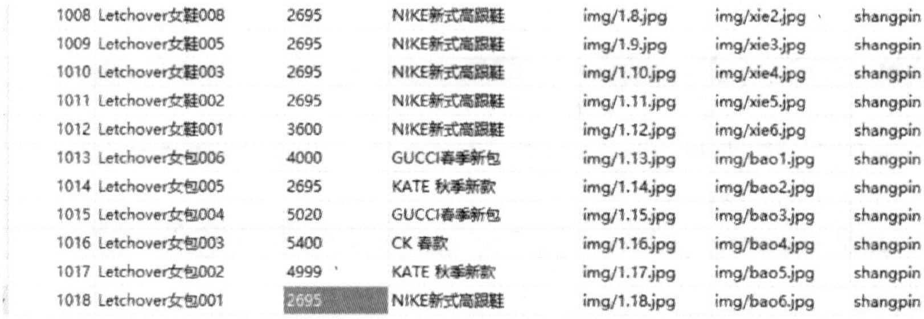

1008	Letchover女鞋008	2695	NIKE新式高跟鞋	img/1.8.jpg	img/xie2.jpg	shangpin
1009	Letchover女鞋005	2695	NIKE新式高跟鞋	img/1.9.jpg	img/xie3.jpg	shangpin
1010	Letchover女鞋003	2695	NIKE新式高跟鞋	img/1.10.jpg	img/xie4.jpg	shangpin
1011	Letchover女鞋002	2695	NIKE新式高跟鞋	img/1.11.jpg	img/xie5.jpg	shangpin
1012	Letchover女鞋001	3600	NIKE新式高跟鞋	img/1.12.jpg	img/xie6.jpg	shangpin
1013	Letchover女包006	4000	GUCCI春季新包	img/1.13.jpg	img/bao1.jpg	shangpin
1014	Letchover女包005	2695	KATE 秋季新款	img/1.14.jpg	img/bao2.jpg	shangpin
1015	Letchover女包004	5020	GUCCI春季新包	img/1.15.jpg	img/bao3.jpg	shangpin
1016	Letchover女包003	5400	CK 春款	img/1.16.jpg	img/bao4.jpg	shangpin
1017	Letchover女包002	4999	KATE 秋季新款	img/1.17.jpg	img/bao5.jpg	shangpin
1018	Letchover女包001	2695	NIKE新式高跟鞋	img/1.18.jpg	img/bao6.jpg	shangpin

图 7-52　商品下架后数据库效果图

7.3.6　商品管理模块总结

商品管理模块涉及四个子功能和三个子页面。功能被细分后，形成了由获得商品信息、展示商品信息组成的商品展示功能，以及由 DOM 操作、数据库查询组成的商品搜索功能等。从根本来说，商品管理模块是对数据库查询语句和 JSP 输出语句以及小部分 JS DOM 操作的运用。在梳理好业务和交互逻辑后，依次完成功能模块，便形成了商品管理模块。

7.4 购物车管理模块

7.4.1 总体描述

购物车管理的主要目标是实现商品添加、商品展示、金额计算以及商品删除功能。

购物车管理是整体项目三大核心模块之一，实现了四个子功能，由一个子页面构成（购物车页面）。

（1）模块结构。根据对购物车管理模块的详细划分，在原有的功能结构图上，商品添加被细分为传值和更新商品表，金额计算被拆分为商品金额计算和更新商品信息两个子功能。具体划分如图 7-53 所示。

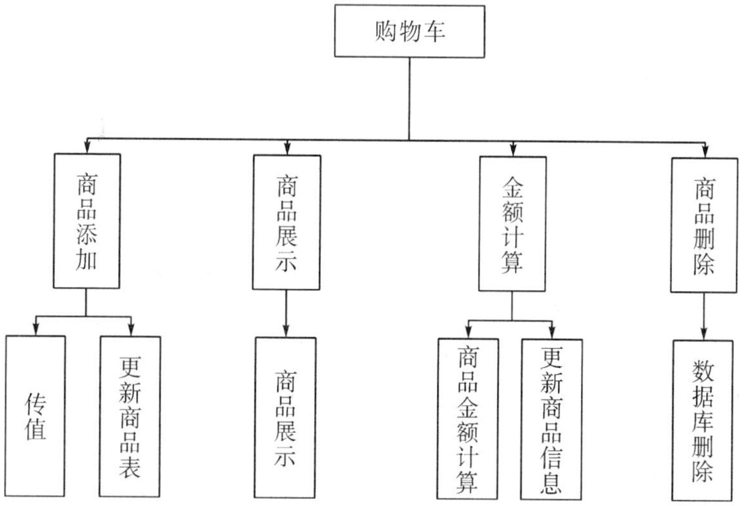

图 7-53 购物车管理功能结构图

（2）模块流程。在购物车管理模块中，业务流程从用户点击“商品添加”开始，到继续购物结束。为了厘清整体模块的业务流程，方便后期的系统规划和搭建，我们绘制出业务流程图，如图 7-54 所示。

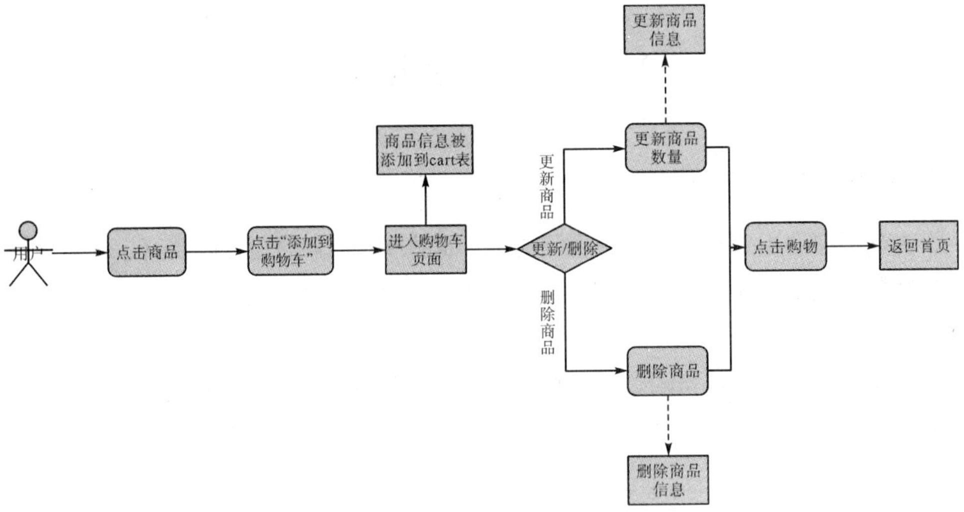

图 7-54 购物车管理模块业务流程图

(3) 网页交互。购物车管理模块一共有四个子功能和一个子页面。为了厘清模块及页面之间的交互关系，理解各个功能相互的交接，我们绘制出购物车管理模块的页面交互图，如图 7-55 所示。

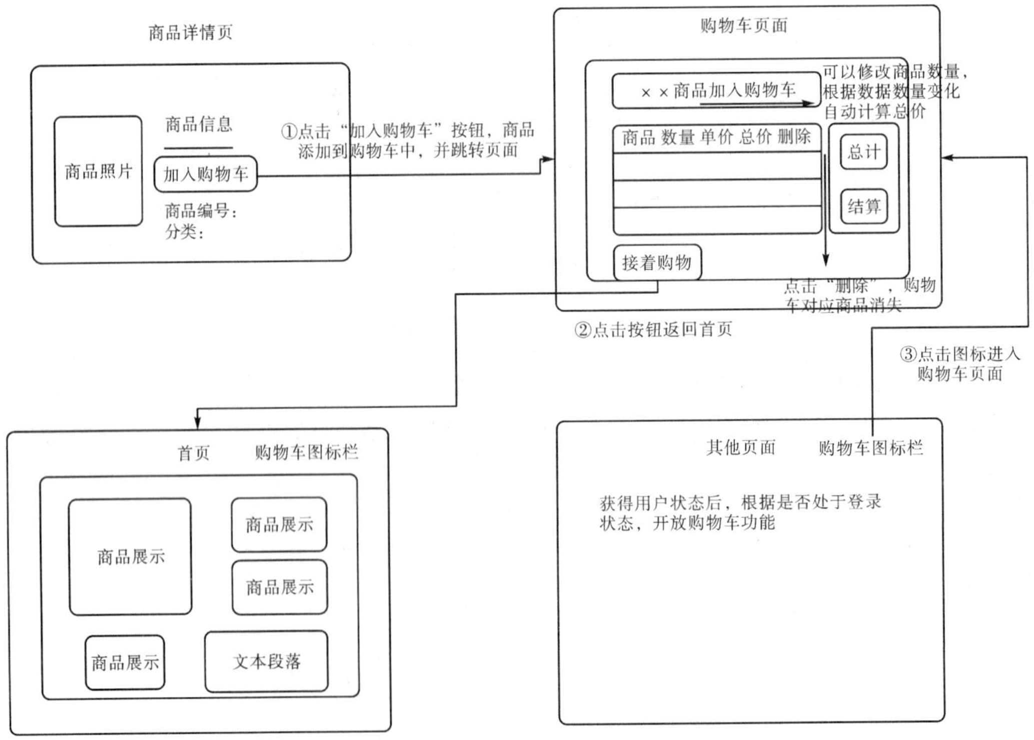

图 7-55 购物车管理模块页面交互图

7.4.2 任务一：商品添加

【任务描述】

商品添加是购物车管理的四大子功能之一。在向购物车添加商品的过程中，商品的信息流经历了提取（页面商品展示）—存储（商品添加到购物车）—提取（购物车商品展示）三个阶段，涉及两个表之间的数据交互（商品表和购物车表），该功能的核心在于商品数据在不同页面和数据表中的提取和存储。

本任务就将介绍如何根据相关流程图使用简单的 JSP 和数据库语言搭建商品添加功能的框架，实现商品添加功能。

【任务步骤】

(1) 页面设计：根据图 7-56 所示的购物车页面结构图，通过 HTML 和 CSS 来完成购物车的页面设计。

(2) 系统设计：用户在其他商品页面中点击"加入购物车"按钮，对应商品信息被提取出来通过 JSP 传值。我们根据图 7-57 所示商品添加业务流程图搭建商品添加功能模块。

(3) 数据库设计：购物车管理模块整体只涉及一个表——购物表。购物表需要包含的内容：商品编号、商品名、商品价格、商品数量、商品总价、图片地址。购物车表界面如图 7-58 所示，购物表结构如表 7-3 所示。

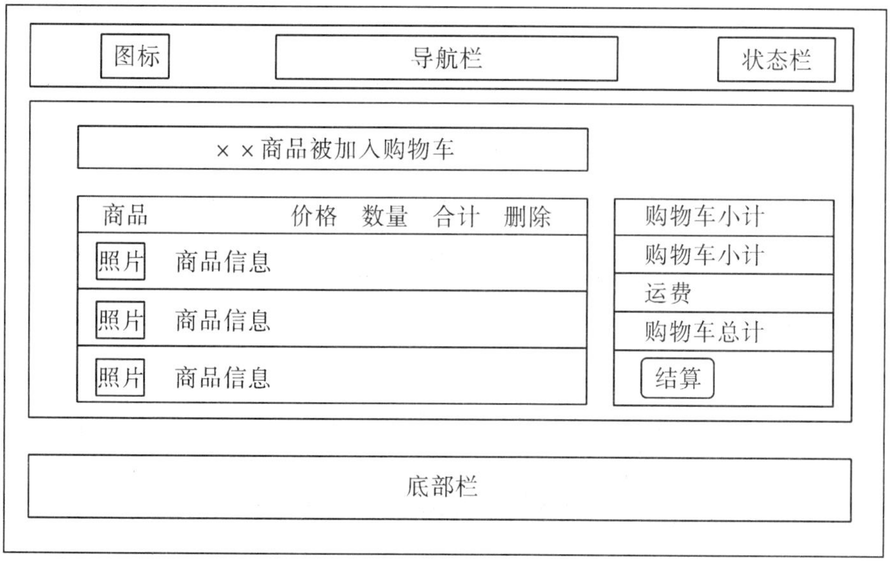

图 7-56 购物车页面结构图

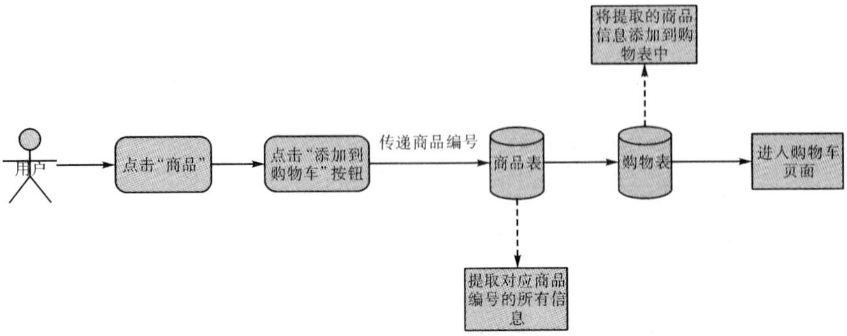

图 7-57 商品添加业务流程图

SP_NO	SP_NAME	SP_PRICE	BUY_NUM	COUNT	IMG
1029	Letchover 女士夹克外套	2688	1	2688	img/1.2.jpg
1032	Letchover 女士夹克02	2399	1	2399	img/1.3.jpg
1033	Letchover女鞋005	2695	1	2695	img/2.3.jpg
1034	Letchover女包006	2695	1	2695	img/bao1.jpg
1035	Letchover 女士夹克	2695	1	2695	img/1.1.jpg
1036	Letchover女鞋003	2695	1	2695	img/2.4.jpg

图 7-58 购物表界面结构图

表 7-3 购物表结构

字段	字段含义	字段类型
SP_NO	商品编号	Varchar
SP_NAME	商品名	Varchar
SP_PRICE	商品价格	Varchar
BUY_NUM	商品数量	Varchar
COUNT	商品总价	Varchar
IMG	图片地址	Varchar

【任务实现】

（1）页面设计。

①页面搭建：建立 web 文件夹，在 web 文件夹下创立三个子目录，分别为 css、img、js,对应存储文件。在 web 文件夹下创立 cart.jsp。

②在 cart.jsp 中添加代码(购物车页面代码简单，无特别内容,此处省略)。实际页面如图 7-59 所示。

图 7-59 购物车页面

（2）系统设计。

①功能拆分：根据商品添加流程图，可知实现商品添加功能需要三步，即获得商品的编号、把商品表中对应编号的商品信息全部提取出来、把提取出来的商品信息添加到cart 购物表中。

②功能实现：遵循代码分离的编写标准，将购物车管理模块所有的功能逻辑集中在buy.jsp 一个逻辑页面中实现，将网页表现层和业务逻辑层分离，便于后期调试和代码管理。在 web 文件夹下创建 buy.jsp 文件，运用 JSP 构建整体业务逻辑。由于商品添加的业务代码较少，方便起见，我们将整体业务逻辑放在一块。

③功能代码：在 buy.jsp 中添加代码。

```
//获得传递到业务页面的参数
String op = request.getParameter("op");
//将商品放入购物车
//判断逻辑代码的值是否为 add,是就执行 if 中的代码
if (op.equals("add")){
//从商品表中取出所选购商品的数据
    String bm = request.getParameter("bm");
    String name=null,price=null,img=null;
    sql = "select * from shop where SP_NO=?";
    pstat = conn.prepareStatement(sql);
    pstat.setString(1,bm);
    rs = pstat.executeQuery();
if (rs.next()){
    name = rs.getString("SP_NAME").trim();
    price = rs.getString("SP_PRICE").trim();
    img = rs.getString("IMG").trim();
```

```
}
rs.close();
pstat.close();
//将所选购商品加入到购物车中
sql = "insert into cart(SP_NAME,SP_PRICE,BUY_NUM,COUNT,IMG)
values(?,?,?,?,?)";
pstat = conn.prepareStatement(sql);
pstat.setString(1,name);
pstat.setString(2,price);
pstat.setInt(3,1);
pstat.setString(4,price);
pstat.setString(5,img);
pstat.executeUpdate();
pstat.close();
//关闭数据库连接
conn.close();
//重定向到购物车页面
response.sendRedirect("cart.jsp");
}
```

代码实际效果图如图 7-60 所示。

图 7-60　商品添加代码效果图

7.4.3　任务二：商品展示

【任务描述】

购物车管理功能模块中的商品展示功能与 7.3.2 的商品展示功能基本一致，此处省略构建方式和展现原理，只展示具体代码。系统和页面搭建实现参考 7.3.2 一节。

【任务实现】

```
String id,name,price,num,count,IMG;
//将查询结果集中的记录输出到页面上
while (rs.next()){
//从当前记录中读取各字段的值
  id = rs.getString("SP_NO").trim();
  name = rs.getString("SP_NAME").trim();
  price = rs.getString("SP_PRICE").trim();
  num = rs.getString("BUY_NUM").trim();
  count = rs.getString("COUNT").trim();
  IMG = rs.getString("IMG").trim();
  session.setAttribute("name1",name);
  out.println("<tr >");
  out.println("<td ><img width=90px height=90px src='"+ IMG +"' ></td>");
  out.println("<td>"+ name +"</td>");
  out.println("<td>"+ price +"</td>");
  out.println("<td><input type=number width=60px value="+ num +"
onChange=\"updateNum('"+id+"',this.value,'"+price+"')\"></td>");
  out.println("<td>"+ count +"</td>");
  out.println("<td><a href='buy.jsp? op=del&id="+id+"'>删除商品</a></td>");
  out.println("</tr>");
}
```

7.4.4 任务三：金额计算

【任务描述】

金额计算是购物车管理的四大子功能之一，主要是实现用户在网页上修改商品数量时，系统能够实时计算出对应商品的总价，同时写入购物表进行更新的功能。

本任务就将介绍如何根据相关流程图使用简单的 JSP 和数据库语言搭建金额计算功能的框架，实现金额计算功能。

【任务步骤】

(1)页面设计：整体的购物车管理模块网页展现层都集中在一个页面上(cart.jsp)，因此本节不再绘制对应的网页设计图，具体参考 7.4.2 任务一中的购物车页面结构图。

(2)系统设计：用户在添加完商品后，商品显示在购物车网页列表中，其中有商品的数量显示框，在用户修改完数量后，通过点击事件将数据传递给 buy.jsp 业务处理逻辑页面。处理逻辑更新购物表中对应的商品信息。金额计算业务流程图如图 7-61 所示。

(3)数据库设计：购物车管理模块整体只涉及一个表——购物表，此处省略。

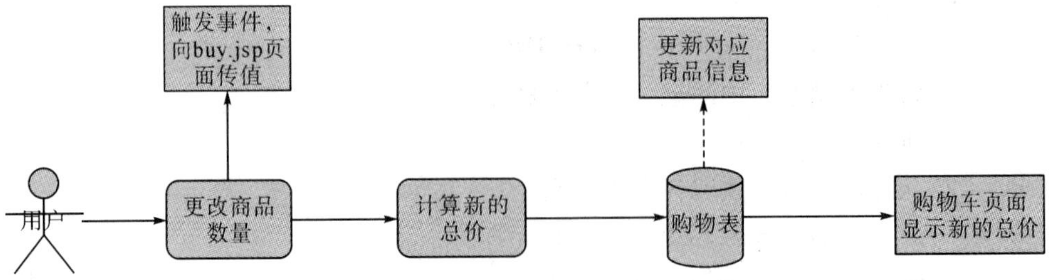

图 7-61　金额计算业务流程图

【任务实现】

（1）页面设计。

①页面搭建：建立 web 文件夹，在 web 文件夹下创立三个子目录，分别为 css、img、js，对应存储文件。在 web 文件夹下创立 cart.jsp。

②在 cart.jsp 中添加代码（购物车页面代码简单，无特别内容，此处省略）。实际页面如图 7-62 所示。

图 7-62　购物车页面

（2）系统设计。

①功能拆分：根据金额计算流程图，可把金额计算功能拆分为两个子功能，即函数计算功能、更新商品信息功能。

②功能实现：首先，商品展示功能把商品数量设置为 input 类型，让用户可以自由更改数量值，然后为 input 框绑定 onchange 事件，只要商品数量发生改变就会触发对应的 update 函数向 buy.jsp 传递业务编码和商品信息。buy.jsp 获得传递过来的值后执行对应代码块内容，更新对应购物表中的商品信息。

③功能代码：在 buy.jsp 中添加代码。

a. 函数计算功能。

```
//getPrices 函数通过获取购物车各商品的总价来计算出整个购物车的总价
function getPrices(){
```

```
//获得各个商品的单独总价
let counts = document.getElementsByClassName("count");
let sum = 0
//用 for 循环实现总价累加
  for(let i = 0; i < counts.length ; i++) {
  sum +=  Number(counts[i].innerText)
}
//返回通过 for 循环累加得到的 sum 变量
  return sum
}
//将 getPrice 函数返回的值赋给 cartPrice 变量
let cartPrice = getPrices()
//writePrice 函数通过获取 dom 元素将计算出的总价写入对应的 td 表格
function writePrice(sum){
  let prices = document.getElementsByClassName("getPrice")
  for(let i = 0; i < prices.length ; i++) {
  prices[i].innerText = sum
}
}

function updateNum(id,num,price){
//调用已定义好的 wirteprice 函数计算出购物车的总价格，并输出到页面对应表格上
writePrice(cartPrice)
//通过定义一个新的 url 让函数把页面中得到的值传递给 buy.jsp 业务处理页面
var url = "buy.jsp? op=update&id="+id+"&num="+num+"&price="+price;
//window.Location 方法让当前页面跳转到指定的地址
window.location = url;
}
function initPrice(){
  wirtePrice(cartPrice)
}
initPrice()
//为了方便理解,贴出对应的商品展示的网页代码
out.println("<td ><img width=90px height=90px src='"+ IMG +"' ></td>");
```

```
out.println("<td>"+ name +"</td>");
out.println("<td>"+ price +"</td>");
//第六行代码就是展示商品数量的代码，注意在这行代码中我们绑定了一个onchange事件，它绑定的函数是updateNum，意味着一旦数量发生改变就立即执行updateNum函数
out.println("<td><input type=number width=60px value="+ num +" onChange=\"updateNum('"+id+"',this.value,'"+price+"')\"></td>");
out.println("<td>"+ count +"</td>");
out.println("<td><a href='buy.jsp? op=del&id="+id+"'>删除商品</a></td>");
//在updateNum函数中我们设置了三个参数，通过参数的传递获得对应商品的编码数量和价格
```

b. 更新商品信息功能。

```
//更改商品的数量
if (op.equals("update")){
//提取传递过来的商品信息，并将其整数化
int id = Integer.parseInt(request.getParameter("id"));
int num = Integer.parseInt(request.getParameter("num"));
//计算更新后的商品总价
double price=Double.parseDouble(request.getParameter("price"));
//更新对应商品购物表中的商品信息
    sql = "update cart set BUY_NUM = ?, COUNT = ? where SP_NO=?";
    pstat = conn.prepareStatement(sql);
    pstat.setInt(1,num);
    pstat.setString(2,new Double(price * num).toString());
    pstat.setInt(3,id);
    pstat.executeUpdate();
    pstat.close();

//关闭数据库连接
conn.close();

//重定向到购物车页面
response.sendRedirect("cart.jsp")};

```

代码实际效果对比如图7-63和图7-64所示，从图中可知我们改变了商品的数量，总计也随之改变，同时购物表中对应的商品信息也随之改变。

图 7-63 商品更改前效果图

图 7-64 商品更改后效果图

7.4.5 任务四：商品删除

【任务描述】

商品删除是购物车管理的四大子功能之一，是构成购物车管理模块的基础拼图。在商品删除功能中我们需要系统实现点击“删除商品”后对应商品信息在购物车中消失，并同步删除购物表中的对应信息。

本任务就将介绍如何根据相关流程图使用简单的 JSP 和数据库语言搭建商品删除功能的框架，实现商品删除功能。

【任务步骤】

（1）页面设计：整体的购物车管理模块网页展现层都集中在一个页面上（cart.jsp），因此不再绘制对应的网页设计图，具体参考 7.4.2 任务一中的设计图。

（2）系统设计：用户在完成商品添加后，每个商品后面都会出现一个删除商品的按钮，在点击“删除商品”后，通过页面 url 传值的方式向总业务逻辑层 buy.jsp 传递业务代码（delet），buy.jsp 页面获取到传递的业务代码和商品信息后执行 delete 操作更改 SQL 语句，删除购物表中对应商品信息，完成删除商品操作。具体业务流程图如图 7-65 所示。

（3）数据库设计：购物车管理模块整体只涉及一个表——购物表，具体实现参考 7.4.2 一节，此处省略。

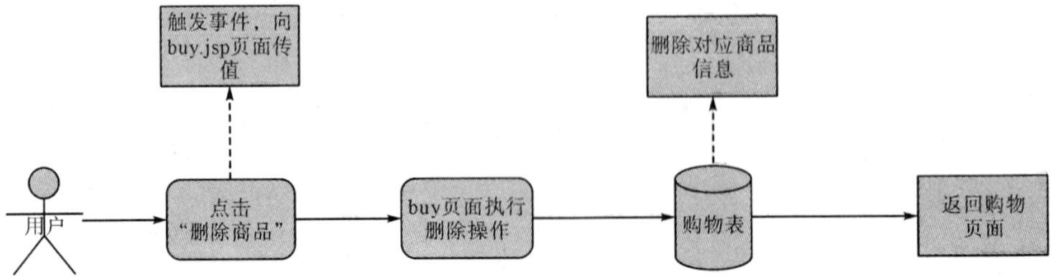

图 7-65　商品删除业务流程图

【任务实现】

(1) 页面设计。

①页面搭建：建立 web 文件夹，在 web 文件夹下创立三个子目录，分别为 css、img、js，对应存储文件。在 web 文件夹下创立 cart.jsp。

②在 cart.jsp 中添加代码(购物车页面代码简单，无特别内容，此处省略)。实际页面效果图参考 7.4.2 中的内容。

(2) 系统设计。

①功能拆分：根据商品删除流程图，商品删除功能可拆分为两个子功能：页面传值功能、商品删除功能。

②功能实现：首先在商品展示区用<a>标签包裹删除商品按钮，通过 url 传值的方式，在用户点击“删除商品”按钮后跳转并传递参数到 buy.jsp 业务处理页面。buy.jsp 页面通过传递的参数执行对应删除功能的代码块，实现商品删除功能。

③功能代码：在 buy.jsp 中添加代码。

a. 页面传值功能：

```
//将删除商品用<a>标签包裹并使用?符号传递业务代码(del)和商品编号
out.println("<td><a href='buy.jsp?op=del&id="+id+"'>删除商品</a></td>");
```

b. 商品删除功能：

```
//如果业务代码为del,则执行if语句块
if (op.equals("del")){
    int id = Integer.parseInt(request.getParameter("id"));
//删除购物表中对应商品编号的商品信息
    sql = "delete from cart where SP_NO=?";
    pstat = conn.prepareStatement(sql);
    pstat.setInt(1,id);
    pstat.executeUpdate();
    pstat.close();
//关闭数据库连接
conn.close();
//重定向到购物车页面
```

```
response.sendRedirect("cart.jsp");
}
```

代码实际效果对比如图 7-66 和图 7-67 所示。从图中可知，在点击“删除商品”按钮后，购物表和页面中对应的商品信息都消失了。同时通过 MySQL 可视化工具 navcat 查看 shopping 数据库中的 cart 表，可知女士夹克信息已消失，对应数据库中的购物表对应信息被删除。

图 7-66　删除商品前效果图

图 7-67　删除商品后效果图

7.4.6　购物车管理模块总结

购物车管理模块一共实现了四个子功能，搭建了一个子页面。在该模块中，我们将业务逻辑处理单独划分到一个独立的功能页面中，让网页显示层和业务逻辑层尽可能地分离。这种将逻辑和显示分离的方式，能够极大地减少后期网页调试的时间成本，同时，在购物车商品展示功能中，复用了商品管理模块中的商品展示功能。在大型网页构建中，所有的功能和页面都是由不同的小功能组件拼接而成，组件化的思想和工程模式能够实现快速搭建和便利的后期维护。

7.5 项目回顾与展望

7.5.1 项目回顾

时尚衣库项目由三个模块组成，分别是用户管理、商品管理、购物车管理模块。我们在构建整个系统的过程中实现了十二个子功能。我们运用了 JSP 和 JS 两种语言作为功能搭建的实现载体。在具体实现过程中，我们尽可能地以完整的流程来构建整个模块项目，以了解整体功能需求为第一步，绘制业务流程图和网页交互图，明确核心功能的具体构建，实现功能拆分，用模块化、组件化的思维去拼接核心功能。在具体代码实现上，整体功能搭建的难度非常小。纵观整个项目，无论是用户管理，还是购物车管理，运用的语言都非常简单。JSP 语言只涉及三个基础操作，分别为页面传值、存值，简单的数据库操作(更新、删除、插入、对比）以及输出页面。而 JS 语言则更为简单,只涉及基础的 DOM 操作和事件触发。对比最终的代码构建，更重要的是对整体系统的需求和逻辑关系的了解。同时在代码展示中，我们特别强调了代码的可维护性(代码分离、必要的注释)。

7.5.2 项目展望

完成一个项目当然是一件值得高兴的事，但这不意味着结束。纵观整体项目框架，还有很多不完善的地方。相较于一个完整的线上商城，时尚衣库系统还有许多功能和页面效果没有实现。那么如何在原有的框架中进一步去完善整体项目呢?

例如在用户管理模块上，我们发现一般网页都存在一个自动登录的功能，用户只要登录过一次，在一周左右内再进入网页就会自动登录，这涉及对 cookie 的具体操作。在购物车管理模块中，更改商品数量和删除商品都会导致网页的再一次刷新，如何做到不刷新页面自动获得更新后的数据呢? 这又涉及对 Ajax 异步处理的运用。同时对于整体的网页框架来说，对 DOM 结构进行直接操作容易导致网页错乱，那又该如何让 JS 只涉及数据操作而不用去更改原有的 DOM 结构来搭建 MVVM 框架呢? 这涉及 VUE.js 和 react.js 等 JavaScript 框架的运用。在数据库操作上，我们也不难发现,直接用 JSP 简单粗暴地控制 SQL 语句对服务器和数据库性能产生了极大的浪费。在高数据存储、高并发任务的要求下又如何实现对数据库和服务器性能的高效运用呢?

这些都需要大家自己去探究学习。在信息技术高速度发展的今天，各种技术框架层出不穷，编程语言也在不断地更新和被淘汰，唯有努力跟上潮流，不断充实自己，才能与时代并进。

参考文献

[1]林信良. JSP & Servlet 学习笔记[M]. 3 版. 北京：清华大学出版社，2019.
[2]陈丹丹，高飞. JSP 项目开发全程实录[M]. 3 版. 北京：清华大学出版社，2013.
[3]明日科技. JSP 项目开发实战入门:全彩版[M]. 长春：吉林大学出版社，2017.
[4]刘何秀，郭建磊，姬忠红. JSP 程序设计与案例实战:慕课版[M]. 北京：人民邮电出版社，2018.
[5]崔连和. JSP 程序设计与案例教程[M]. 北京：机械工业出版社，2016.
[6]杨占胜. JSP Web 应用程序开发教程[M]. 2 版. 北京：电子工业出版社，2018.